APPRENDRE C'EST *facile*

2de

RÉFORME DU LYCÉE

Marie-Pierre Saulze
Professeure d'Histoire-Géographie-EMC

Catherine Schwennicke
Psychologue

Julien Baque
Professeur de Mathématiques

Isabelle Cambon
Professeure de Lettres modernes

Sébastien Dufros
Professeur de SVT

Nathan

Les Tests ▶ Les tests sont disponibles sur le site abcbac.com. Vous pouvez ainsi les télécharger et les imprimer pour les faire ou les refaire en famille ou avec des amis.

Responsable éditoriale : Raphaëlle Mourey
Édition : Jessie Magana, Julie Langlais
Illustrations : Miham
Schémas : Corédoc
Conception graphique couverture : Élise Launay
Conception graphique intérieur : Julie Lannes
Composition : Linéale
Fabrication : Kévin Magar

Crédits photographiques
p.76 Ministère de la Transition écologique et solidaire ; p.93 Shutterstock ; p. 111 (g) Alamy ; p.111 (d) Shutterstock

ISBN : 978-2-09-157373-1

Mode d'emploi

La **partie 1** pour **mieux se connaître** et réussir votre année de seconde dans les meilleures conditions selon votre profil d'apprentissage

DÉVELOPPER SA CONFIANCE EN SOI

1 Qu'est-ce que la confiance en soi ?

- Avoir **conscience de votre valeur**, c'est faire preuve d'une **lucidité bienveillante** envers vous-même et envers les autres, c'est vous comporter avec vous-même comme si vous étiez votre meilleur ami. C'est avec vous-même que vous allez passer le restant de votre vie… Il est donc important de développer une bonne relation avec votre « moi ».

Des **pages tests** pour comprendre qui vous êtes et vous orienter dans vos révisions

Les Tests

? Comment le stress se manisfeste-t-il chez moi ?

Notez de 0 à 3 la fréquence des états émotionnels liés au stress que vous ressentez. Reportez les chiffres en bout de ligne puis faites le total par colonne.

État émotionnel lié au stress	Jamais (0)	Rarement (1)	Souvent (2)	Le plus souvent (3)	Fuite	Lutte	hibition

La **partie 2** pour découvrir de **nouvelles façons d'apprendre** pour tous les profils

Une **rubrique** qui explique la **méthode**

LA MÉTHODE DES *LOCI*

À quoi ça sert ?

Cette méthode d'apprentissage permet de mémoriser des éléments très variés (chiffres, vocabulaire, dates, images…) dans un ordre précis. Elle est également appelée « méthode des lieux » (*loci* = « lieux » en latin) ou encore « palais de la mémoire ».

Une **progression** efficace par étapes

- Des **conseils**
- Des **astuces**

ÉTAPE 1 Dresser une liste des éléments à mémoriser

- Dégagez les principaux **thèmes** de la leçon, les idées essentielles.
- À partir de ces grands thèmes, faites la **liste des informations à mémoriser** : formules mathématiques, dates, vocabulaire, lieux, personnages, monuments…

→ Voir Sélectionner les informations, p. 54

Astuce

On peut retrouver les idées essentielles dans les titres des leçons.

Des **applications concrètes** dans toutes les matières de seconde

À vous de jouer !

Géographie *→ corrigé p. 166*

Consigne : En utilisant la méthode des cartes mémoires, présen… lités dans le monde. Pensez à aborder les migrations internat… mobilités touristiques internationales.

Des **rubriques** pour les **parents**

Pour les parents !

→ Un peu d'histoire

- Dès l'Antiquité, le philosophe Platon reconnaît dans *Les Lois* l'**importance des jeux** pour l'éducation des enfants. Au XVᵉ siècle, on cherchait à enseigner l'alphabet ou les mathématiques aux enfants de façon attractive, sous forme de jeu de cartes ou de biscuits.

→ Les avantages de cette méthode

- **La phase de création des jeux est un réel temps d'apprentissage** où

L'ENREGISTREMENT

Histoire *→ énoncé p. 109*

Les conquêtes et affrontements

- La conquête de l'empire aztèque et inca se fait rapidement, entre 1521 et 1534. La rapidité des conquêtes s'explique par les maladies importées par les Euro-péens, qui ont décimé les populations indiennes, désorganisant ainsi les sociétés et leur capacité à lutter. Par ailleurs, les Européens ont provoqué un effet d…

Tous les **corrigés** des exercices en fin d'ouvrage

SOMMAIRE

Partie 3 APPRENDRE À APPRENDRE EN SECONDE

Développer des compétences clés pour le lycée

Mémoriser

Réviser

LA CLASSE DE SECONDE EXPLIQUÉE

LES MOMENTS CLÉS

Le test de positionnement

- Ce test numérique qui a lieu en début de seconde permet de connaître vos acquis et vos besoins en français et en mathématiques. C'est la première étape de l'accompagnement personnalisé : soutien, approfondissement et aide à l'orientation.

Qui ?
- Tous les élèves de 2de

Quand ?
- Au cours de la 2e quinzaine de septembre

Pourquoi ?
- Préparer l'accompagnement personnalisé de chaque élève

Où ?
- Au lycée, sur une plateforme numérique

MATHÉMATIQUES* — 50 min
- Organisation et gestion de données
- Nombres et calcul
- Géométrie
- Calcul littéral

FRANÇAIS* — 50 min
- Compréhension de l'oral
- Compréhension de l'écrit
- Compréhension du fonctionnement de la langue

* Les résultats sont communiqués aux élèves et sont anonymes en dehors de l'établissement

Les semaines de l'orientation

- Les semaines de l'orientation (novembre-décembre et janvier-février) permettent de vous informer et d'explorer plusieurs perspectives d'orientation.
- Au cours de ces semaines vous pourrez échanger avec les équipes pédagogiques de l'établissement, rencontrer des acteurs de l'enseignement supérieur, échanger avec des acteurs du monde économique, social et professionnel…

Le choix des spécialités

- Au 2e trimestre, vous formulez des intentions d'orientation sur la « fiche dialogue ». Vous choisissez 4 enseignements de spécialité parmi les 12 proposés. Le conseil de classe donne un avis sur vos intentions.
- Au mois de juin, vous choisissez vos 3 enseignements de spécialité définitifs.

LES ENSEIGNEMENTS

LA CLASSE DE SECONDE

ENSEIGNEMENTS COMMUNS

	Français	4h00
	Histoire-Géographie	3h00
	LVA et LVB	5h30
	Mathématiques	4h00
	Physique-Chimie	3h00
	SVT	1h30
	EPS	2h00
	EMC	18h00/an
N	SES	1h30
N	Sciences numériques et technologie (SNT)	1h30

ENSEIGNEMENTS OPTIONNELS 2 MAXIMUM

Enseignement général AU CHOIX

	LCA : Latin*	3h00
	LCA : Grec*	3h00
	LVC	3h30
	Arts	3h00
	EPS	3h00
	Art du cirque	6h00

Enseignement techno AU CHOIX

N	Management et gestion	1h30
	Santé et social	1h30
	Biotechnologie	1h30
	Sciences de laboratoire	1h30
	Sciences de l'ingénieur	1h30

et d'autres...

N nouveau

* les LCA peuvent être prises en plus

Se connaître pour mieux apprendre

DÉTERMINER SA PERSONNALITÉ

Comprendre

Nous sommes tous différents et pas tous motivés par les mêmes activités. Comprendre et connaître sa personnalité est très utile afin de pouvoir aborder la seconde avec plus de plaisir et moins de fatigue !

1 Qu'est-ce que c'est ?

- Votre personnalité (ou tempérament) est votre **façon d'être naturelle** et spontanée. C'est ce qui vous pousse à adopter certains comportements plutôt que d'autres.
- Être en accord avec votre personnalité vous fait **ressentir du plaisir**, vous permet de vous **épanouir**, de donner du **sens** à ce que vous faites. Cela vous donne de l'énergie, y compris pour des choses que vous aimez moins faire.

2 À quoi ça sert ?

- Selon votre personnalité, **certaines actions vous motivent**, alors que d'autres non (par exemple : organiser, vous dépasser).
- Nous sommes tous différents, nous ne sommes pas tous motivés par les mêmes activités. Parfois, une même matière, comme par exemple la géographie, motive différentes personnes pour des raisons différentes. C'est pour cela qu'il est important de vous demander « **pour quelles raisons j'aime ou qu'est ce que j'aime dans ?** »
- En fonction de votre personnalité, vous pouvez **adapter votre manière d'apprendre** pour trouver celle qui vous correspond le mieux.
- Cela permet d'accepter nos différences sans jugement. Aimer relever des défis, ce n'est pas la même chose que d'aimer lire des histoires. **Ce n'est ni mieux, ni moins bien**.
- Tout comme ne pas aimer la contrainte n'est pas la même chose que ne pas aimer la vulnérabilité. C'est une autre intolérance.

POINT INFO !

L'Approche Neurocognitive et Comportementale (ANC) est une **approche** à la fois **scientifique et pragmatique de l'Homme et de son environnement**. Elle a été développée par Jacques Fradin, médecin, chercheur et clinicien, qui a fondé l'Institut de Médecine Environnementale en 1987.
L'ANC met en évidence des territoires cérébraux et leurs mécanismes propres qui sous-tendent nos réactions et nos ressentis. Elle permet d'entraîner à stimuler les états d'esprit qui participent et favorisent, par exemple, à être plus serein, à être plus motivé, à **développer une attitude bienveillante et lucide sur nous-mêmes**.
Cette approche **met en évidence l'importance de notre attitude et de notre état d'esprit face à la vie en général** et face aux autres, à nos ressentis et aux situations en particulier.

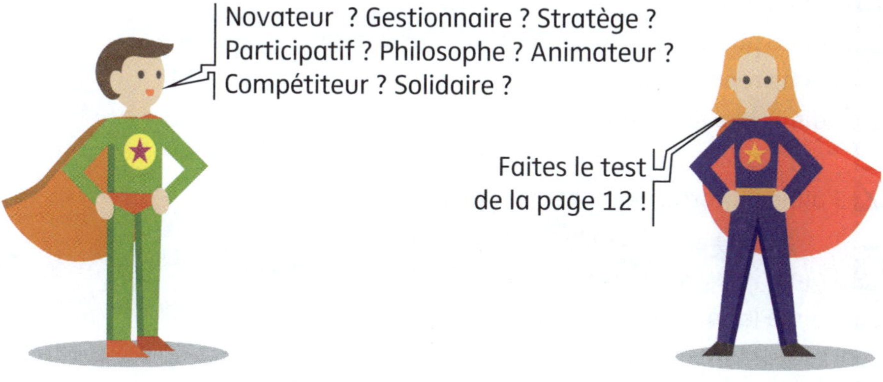

Les Tests

Quelle est ma personnalité ?

Voici un petit test de 40 questions qui vous aideront à déterminer votre personnalité (ou vos principaux tempéraments).

Parmi les affirmations suivantes, cochez celles dans lesquelles vous vous reconnaissez :

- [x] J'aime rêver, flâner, être cool.
- [ ] J'aime les débats et avoir un esprit critique.
- [x] J'aime bouger.
- [x] J'aime innover, inventer.
- [x] J'aime mettre en ordre et ranger.
- [x] J'aime partager et échanger avec des proches.
- [ ] J'aime rendre service.
- [ ] J'aime être le délégué de classe.
- [ ] J'aime découvrir et contempler.
- [x] J'aime l'informatique et le high-tech.
- [ ] J'aime les consignes claires et précises.
- [x] J'aime improviser et expérimenter.
- [x] J'aime les projets en équipe.
- [ ] J'aime la modestie et la simplicité.
- [x] J'aime faire des choses que les autres n'arrivent pas à faire.
- [x] J'aime profiter de la vie. Je suis un bon vivant.
- [ ] J'aime soigner les plus faibles.
- [x] J'aime chercher des liens logiques.
- [x] J'aime rigoler, faire des blagues.
- [x] J'aime le raffinement et le beau.
- [x] J'aime le douillet et le chaleureux.
- [ ] J'aime faire une chose à la fois.
- [x] J'aime me dépasser.
- [x] J'aime m'occuper de mes amis, prendre soin d'eux.
- [x] J'aime la solidarité entre les êtres humains.

- ☒ J'aime être spontané, et positif.
- ☒ J'aime organiser et trier.
- ☒ J'aime les petits groupes.
- ☒ J'aime faire plaisir et m'adapter aux autres.
- ☒ J'aime ce qui est bref, net et précis.
- ☒ J'aime les sciences et les maths.
- ☒ J'aime les activités dehors.
- ☒ J'aime bricoler.
- ☒ J'aime travailler à mon rythme dans un endroit calme et confortable.
- ☒ J'aime comprendre.
- ☒ J'aime ce qui est mignon et doux.
- ☒ J'aime me sentir utile à ceux qui en ont besoin.
- ☒ J'aime rassembler mes amis.
- ☒ J'aime les défis et les challenges.
- ☐ J'aime le changement et l'aventure.

Résultats

▶ **Chaque couleur correspond à un tempérament**. Comptez le nombre d'affirmations que vous avez cochées par couleur. Si au moins 3 sont d'une même couleur, c'est que vos motivations correspondent probablement au tempérament représenté par cette couleur. Il est possible d'en avoir plusieurs.

- J'ai coché 4 ...4.. cases violettes.
- J'ai coché ..4..4 cases orange.
- J'ai coché ..5..5 cases turquoise.
- J'ai coché 6...3 cases bleues.
- J'ai coché 3.....3 cases roses.
- J'ai coché 5 ..4..4 cases rouges.
- J'ai coché .....4 4 5 cases mauves.
- J'ai coché 5 ...... 2 cases vertes.

▶ Reportez-vous à la liste des huit personnalités pour trouver celle(s) qui vous correspond(ent) le mieux → p. 16.

SE MOTIVER POUR MIEUX APPRENDRE

1 Changer de regard sur ce que vous n'aimez pas

- Il est difficile d'éliminer ce que vous n'aimez pas mais vous pouvez **changer votre regard et votre état d'esprit** sur ce qui vous démotive. L'objectif est d'en diminuer l'impact négatif sur vous. Pour cela, nous vous proposons un exercice qui s'appelle le *pack aventure*.

Mode d'emploi du pack aventure

- **Choisissez quelque chose qui vous démotive** et identifiez ce que vous souhaiteriez à la place (exemple : Ne pas réussir mon année de seconde / Réussir mon année de seconde).
- **Remplissez d'abord la colonne des inconvénients** avec ce que vous n'aimez pas **puis celle des avantages** avec la situation idéale. Avec l'aide d'un adulte, remplissez la colonne des avantages avec ce qui vous démotive puis celle des inconvénients avec la situation idéale.

Exemple du *pack aventure* sur « Réussir mon année de seconde »

Ne pas réussir mon année de seconde		Réussir mon année de seconde	
Inconvénients	**Avantages**	**Inconvénients**	**Avantages**
• Ne pas être content de moi • Mes parents seront déçus • Douter de mes capacités à réussir • Ne pas être préparé pour le Bac • Perdre confiance en moi •	• Me remettre en question • Mes parents ont moins d'attentes • Apprendre ce qu'est l'échec, cela me rend plus humble et plus humain • Je travaillerai plus pour l'année de première • J'aurai plus d'aide et de soutien •	• Croire que réussir au lycée, c'est facile • Être moins vigilant pour le Bac • Mes parents seront plus exigeants à mon égard • Se mettre la pression pour tout réussir •	• Être fier de moi • Gagner en confiance en moi • Avoir confiance pour les épreuves du Bac à venir • Mes parents seront contents • Mes parents seront plus cool avec moi • ....

- Un des enjeux de la seconde est de **choisir des enseignements de spécialité** qui vous plaisent, vous épanouissent et qui sont en accord avec vos tempéraments. L'autre enjeu est d'**assumer pleinement vos choix** et leurs conséquences.
- Ce qui engendre du stress, c'est de faire un **mauvais choix**. Or, le bon choix ou le mauvais choix **n'existent pas**. Il y a bien un choix avec des avantages et des inconvénients. En revanche, il y a des choix qui seront **plus faciles à assumer que d'autres**.
- Quand vous doutez, posez-vous la question : « Est-ce que je ne regretterai pas d'avoir choisi cette spécialité, même si cela ne se passe pas bien ? » (Exemple : Est-ce que je ne regretterai pas d'avoir choisi maths même si j'échoue ou si je galère ?)

À vous de jouer !

Consigne : Remplissez ce *pack aventure* sur le sujet « Choisir mes spécialités ».
→ corrigé p. 144

Ne pas aimer tous mes enseignements de spécialité		**Aimer tous mes enseignements de spécialité**	
Inconvénients	**Avantages**	**Inconvénients**	**Avantages**
•	•	•	• ....
•	•	•	• ....
•	•	•	• ....
•	•	•	• ....
•	•	•	• ....

2 Savoir ce qui vous motive

- Nos talents, nos forces et nos motivations dépendent de notre personnalité.
→ Faites le test : Quelle est ma personnalité ? p. 12
- Nous nous sentons démotivés lorsque nous devons faire des activités que nous n'aimons pas : nous râlons, nous tentons d'y échapper, nous ressentons de la fatigue...

- Pour éviter une attitude contre-productive et travailler efficacement, il est essentiel d'apprendre à **connaître ce qui vous motive**, de déterminer ce qui peut vous pousser à étudier.
- Le **philosophe** aime **observer**, contempler, vivre à son rythme et prendre la vie du bon côté. Il est jovial et autonome. D'un caractère calme et curieux, il apprécie le confort.
- Le **novateur** aime **réfléchir**, conceptualiser, innover. Il cherche à tout comprendre et à faire des liens logiques entre les modèles. Il a une vision globale du monde.
- L'**animateur** aime **créer**, bouger, jouer et rire. Il est avide de liberté, de grands espaces et d'aventure. Il est vif et plein d'humour.
- Le **gestionnaire** aime **organiser**, ordonner, structurer, optimiser. Il préfère la routine et est plutôt casanier. Il a le sens de la rentabilité.
- Le **stratège** aime **fédérer**. Très sociable et diplomate, il s'exprime avec tact et est respectueux de la parole donnée. Il délègue habilement ce qu'il ne sait pas faire.
- Le **compétiteur** aime **relever des défis**. Indépendant, efficace et persévérant, il cherche à se dépasser. Il a un esprit critique très développé et un caractère bien affirmé.
- Le **participatif** aime **travailler en équipe**. D'un caractère doux et chaleureux, il sait soutenir, encourager et écouter les autres. Il se soucie énormément de ses proches.
- Le **solidaire** aime **aider les autres**. Il met au service d'autrui son altruisme, sa dévotion, sa générosité. Discret et modeste, il fait passer les autres toujours avant lui.

3 Trouver du plaisir à travailler

- Il est important de veiller à **trouver du sens et du plaisir dans les apprentissages et la scolarité**. De nombreuses études ont établi un lien entre le plaisir d'apprendre et les résultats scolaires.
- Selon votre personnalité, vous pouvez **adopter des méthodes de travail différentes qui seront adaptées à vos motivations**. Voici des conseils pour trouver la méthode qui vous correspond.

Si vous êtes	Méthodes
philosophe	• Installez-vous dans un endroit calme et confortable ; • travaillez à votre rythme en demandant à quelqu'un de surveiller les délais ; • veillez à approfondir car vous savez que ce n'est pas naturel pour vous et que c'est important (→ *voir p. 104*).
novateur	• Faites des cartes mentales de la matière (→ *voir p. 101*) ; • dites-vous que vous allez apprendre et comprendre des choses ; • abordez votre cours comme une énigme à résoudre.
animateur	• Prévoyez différents espaces/lieux pour étudier ; • variez les tâches, les supports, les manières de procéder ; • faites des schémas avec des couleurs et des formes (→ *voir p. 101*).
gestionnaire	• Faites un planning, structurez étape par étape ; • organisez vos cours dans des classeurs ; • faites des plans pour avoir une idée globale du cours (→ *voir p. 125*).
stratège	• Expliquez le cours à quelqu'un ou parlez tout haut comme si vous donniez le cours (→ *voir p. 129*) ; • contactez des amis pendant vos pauses ; • essayez de simplifier votre cours.
compétiteur	• Lancez-vous des défis ; • synthétisez les idées principales (→ *voir p. 127*) ; • cherchez comment vous améliorer et être plus efficace.
participatif	• Installez-vous dans un endroit *cosy* et douillet ; • partagez avec vos proches ce que vous avez compris ; • travaillez avec des amis (→ *voir p. 129*).
solidaire	• Mettez-vous à la disposition de ceux qui ont des difficultés ; • comprenez en quoi cela va vous permettre d'être utile aux autres ; • expliquez le cours à quelqu'un (→ *voir p. 129*).

POINT INFO !

Pour les personnes qui n'ont pas des tempéraments « scolaires » (les **gestionnaires** et les **compétiteurs** sont les plus scolaires et les **philosophes** et les **animateurs** ceux pour qui la mise au travail est la moins naturelle), le lycée incarne de nombreuses sources de démotivation (contraintes, rythme imposé, immobilisme, etc.).

Pour autant, **ce n'est pas parce que vous n'avez pas de tempérament scolaire que vous ne pouvez pas vous adapter à l'école**. Au contraire, être confronté à des environnements et à des rythmes différents que ceux que vous choisiriez spontanément est très riche pour vous.

DÉVELOPPER SA CONFIANCE EN SOI

1 Qu'est-ce que la confiance en soi ?

- Avoir **conscience de votre valeur**, c'est faire preuve d'une **lucidité bienveillante** envers vous-même et envers les autres, c'est vous comporter avec vous-même comme si vous étiez votre meilleur ami. C'est avec vous-même que vous allez passer le restant de votre vie... Il est donc important de développer une bonne relation avec votre « moi ».
- Une bonne confiance en soi augmente la **capacité à mobiliser vos ressources**. Elle vous aide à vous relever plus facilement d'un échec, à accepter ce qui vous arrive et transformer les choses à votre avantage. Elle vous permet d'apprendre de vos erreurs et de ne pas en avoir honte. Elle vous rend plus cool et tolérant vis-à-vis des autres, comme si vous vous disiez : « Je n'ai rien à prouver, rien à défendre. »
- Que ressent, que pense et comment se comporte quelqu'un qui a confiance en lui ?

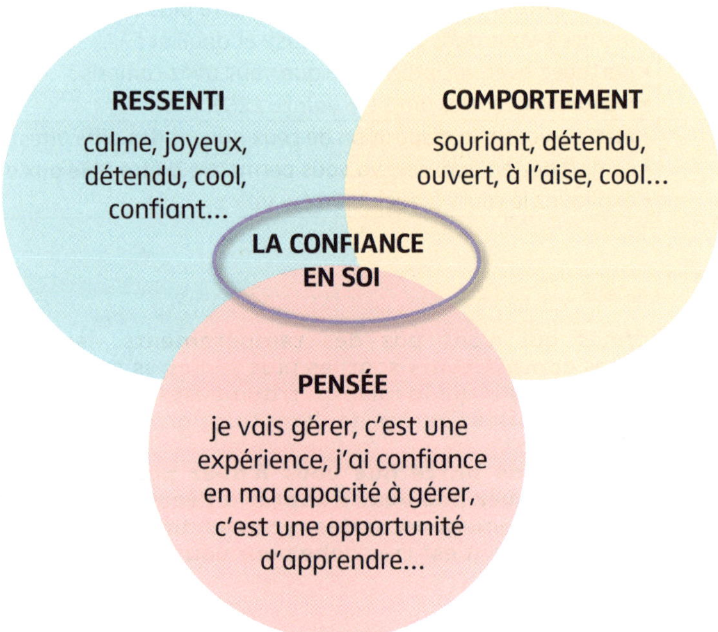

a. Le regard sur soi

- Nous sommes essentiellement **évalués par les autres** (pairs, hiérarchie, parents, professeurs...). Nous sommes donc « conditionnés » à laisser l'autre nous définir, et trop souvent sans nuance. Il est très rare que **l'on nous demande l'avis que l'on porte sur nous-mêmes**, sur nos actes, sur nos comportements, sur notre manière d'être, nos résultats. Pourtant, il semble important de développer un regard lucide et bienveillant sur soi.

b. Le regard des autres

- Comme nous avons été habitués, éduqués à **laisser les autres nous définir**, nous accordons plus d'importance à ce que les autres pensent de nous qu'à notre propre regard sur nous-mêmes. Or, nous passons tout notre temps avec nous-mêmes, nous devrions être les mieux placés pour avoir un regard nuancé et profond sur nous.
- **Se laisser définir par les autres** entraîne :
  – de la susceptibilité ;
  – une attente de reconnaissance et un sentiment d'injustice lorsque nous ne le recevons pas ;
  – la fermeture à la critique (*feedback* = retour d'expérience) ;
  – le déploiement de beaucoup d'énergie pour que les autres voient ce que nous voulons qu'ils voient.

c. Nuancer son regard sur soi pour davantage de confiance

- Renforcer notre confiance en nous permet non pas de penser que nous sommes merveilleux et extraordinaires, mais bien de **stabiliser notre regard nuancé sur nous-mêmes** afin de pouvoir sincèrement s'ouvrir à un *feedback* et en faire quelque chose... ou pas.

2 Comment augmenter sa confiance en soi ?

a. Apprendre la langue de la confiance en soi

- Voici quelques exemples de **phrases** que vous pouvez vous répéter afin d'augmenter votre confiance en vous :
  – « Je vais apprendre. C'est une expérience. Je vais apprendre de mes erreurs. »
  – « S'il y a un problème, il y a au moins une solution. »
  – « Les défis sont amusants. »
  – « Les critiques sont des informations pour s'améliorer. »

– « Le succès des autres m'inspire. Je me construis à travers mes succès et mes échecs. »
– « Je peux demander de l'aide. »

b. Si vous n'osez pas parce que vous êtes timide

- Parfois, **vous avez envie de dire ou de faire quelque chose mais vous n'osez pas** parce que vous êtes mal à l'aise ou timide, par peur du ridicule, de rougir ou de bégayer. Dans ces cas-là, essayez la méthode suivante :
  1. **Mettez-vous en situation.** Par exemple, imaginez que vous n'osez pas demander à une personne d'aller au cinéma avec vous.
  2. **Dites ou faites semblant**, dans votre chambre tout seul ou avec quelqu'un de confiance. Demandez à un ami de jouer le rôle de la personne que vous voulez inviter et dites-lui : « Est-ce que tu es libre vendredi soir pour aller au cinéma avec moi ? »
  3. **Quand vous vous sentez prêt** et que vous vous êtes suffisamment entraîné, faites ou dites-le **vraiment** en situation réelle.

Conseil

S'inscrire à un cours d'improvisation théâtrale peut également vous aider.

c. Si vous avez peur d'échouer

- Faites un ***pack aventure* sur l'échec** (→ *p. 14*) en mettant en évidence tous les avantages à échouer. L'objectif du *pack aventure* n'est pas de vous donner envie d'échouer mais de diminuer le stress et la peur de l'échec, ce qui va augmenter vos chances de réussir. Sentez-vous libre de compléter la liste des inconvénients et des avantages dans les deux options. Pensez bien à envisager chaque fois l'avantage de l'inconvénient et inversement.

d. Si vous avez peur de dire NON

- Vous pouvez **communiquer votre difficulté** : « Ce n'est pas facile pour moi de te dire non mais c'est important pour moi d'être honnête avec toi… » Un vrai OUI, c'est quand vous pouvez aussi dire NON.
- Vous pouvez aussi vous demander : « Qu'est-ce que je penserais de mon ami s'il disait NON à une demande similaire ? » Par exemple, un ami vous demande un service et cela ne vous arrange pas du tout mais vous n'osez pas lui dire non car vous craignez qu'il soit fâché contre vous. Que penseriez-vous de vous-même à sa place ?

e. Si vous êtes susceptible et que vous craignez la critique

- Demandez à quatre de vos proches (parents, amis, famille) **quelles sont vos qualités**. Vous devriez récolter au moins une dizaine de qualités différentes. Par exemple : drôle, sympa, intelligent, fiable, gentil, serviable, souriant, généreux, optimiste... (vous pouvez vous inspirer de vos personnalités → *test, p. 12*).

- Ensuite, **réappropriez-vous ces qualités** en disant (tout bas ou tout haut) : « J'aimerais bien me rencontrer et être mon ami car je suis quelqu'un de... » Si c'est gênant, mettez de la nuance, cela devrait être plus confortable : « J'aimerais beaucoup être mon ami parce que je suis quelqu'un de plutôt/souvent/la majorité du temps/en général... »

f. Assumer vos points faibles

- Nous ne sommes **pas parfaits** et ce n'est pas l'objectif. Ce serait ennuyeux et pas très intéressant ni pour vous ni pour les autres.
- Il y a **des critiques avec lesquelles vous êtes en partie d'accord** et **des critiques avec lesquelles vous n'êtes pas du tout d'accord** :

  – Si vous êtes **d'accord** avec la critique, il est simple de **reconnaître** que c'est vrai en partie. Par exemple, si quelqu'un vous dit « Tu es paresseux ! » et que vous trouvez parfois que vous l'êtes, il n'est pas trop difficile de répondre : « Tu as raison, j'ai parfois une tendance à être paresseux ».

  – Si vous n'êtes **pas du tout d'accord**, normalement, **cela ne devrait pas vous vexer puisque c'est vous qui vous connaissez le mieux**. Dans ce cas, vous pourriez répondre : « Tiens, cela m'étonne que tu dises cela, je trouve que je suis plutôt quelqu'un d'actif. »
- Lorsque vous vous sentez contrarié ou vexé c'est que **vous souhaitez que l'autre pense le contraire**. Habituellement, vous vous sentez dans l'obligation de vous justifier :

  – L'autre : « Tu es paresseux. »

  – Vous : « Ce n'est pas vrai, j'ai beaucoup travaillé pour mon brevet. »
- Et si vous **répondiez autrement** ?

  – L'autre : « Tu es paresseux. »

  – Vous : « Cela peut m'arriver parfois, qu'est-ce qui te fait dire cela ? »

Là, c'est **celui qui fait la critique qui se justifie**.

RECONNAÎTRE ET GÉRER SON STRESS

Comprendre

Comprendre le stress, identifier ce qui le déclenche et apprendre à le gérer pour ne plus en être victime va vous permettre de développer un état d'esprit zen pour plus d'efficacité dans la réussite de votre seconde.

1 Qu'est-ce que le stress ?

- Le stress est d'abord une **réaction de l'organisme** à une agression brusque. Face à un danger, notre cerveau déclenche une production d'hormones qui vont mobiliser nos différents organes le plus rapidement possible. Le stress, qui existe chez tous les animaux, est donc avant tout fait pour échapper à des prédateurs.
- Nous ne sommes plus confrontés très souvent à des prédateurs réels. En revanche, nous avons de nombreux **prédateurs dans notre tête** : échec, dispute, punition… Le stress n'est déclenché par un vrai danger que dans 10 % des cas. Dans les 90 % restants, il est déclenché par des idées, valeurs, principes, appréhensions.

2 Le stress est un signal

- Sous l'emprise du stress, **nous n'arrivons plus à réfléchir correctement** et nous n'agissons pas de manière adaptée. Notre créativité disparaît et l'esprit s'embrouille. Feriez-vous confiance à quelqu'un de stressé ? Non, parce qu'une personne stressée n'est pas en possession de tous ses moyens et risque de faire ou de dire une bêtise.
- Lorsque nous ressentons du stress et qu'il n'y a pas de « vrais » prédateurs, le stress est un signal nous indiquant que **nous ne pensons pas de manière adéquate** et que nos réactions et comportements risquent d'être inadaptés. Tout comme la douleur, le stress est un signal désagréable qui nous indique que quelque chose ne tourne pas rond.

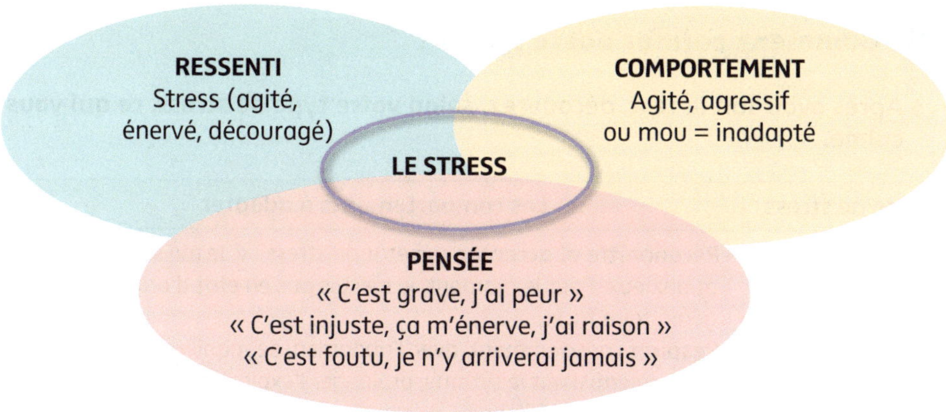

3 Comment le stress se manifeste-t-il ?

- Tout comme les animaux, nous avons **trois manières différentes d'échapper aux prédateurs** :

– courir très vite, c'est la **FUITE** : on ressent de la gêne, on a chaud, on bégaye, on est confus, on panique, on perd ses moyens, on rougit, on a envie de disparaître ;

– crier fort pour impressionner le prédateur ou contre-attaquer pour se défendre, c'est la **LUTTE** : on ressent un sentiment d'injustice, de la frustration, de l'agacement, de l'impatience et de l'énervement, on pense qu'on a raison et que l'autre a tort ;

– ne plus bouger pour ne pas se faire repérer par le prédateur, c'est **l'INHIBITION** : on ne sait pas par où commencer, on se sent découragé, fatigué et apathique, on a l'impression qu'agir ne sert à rien et qu'on ne va pas y arriver.

→ ***Faites le test : Comment le stress se manifeste-t-il chez moi ? p. 28***

4 Comment calmer votre stress ?

- **Après avoir fait le test, découvrez, selon votre type de stress, ce qui vous calme.**

Type de stress	Les comportements à adopter
Fuite	• **Reconnaître et accepter** son état de stress : « Je me sens stressé et anxieux. Pour le moment, je ne suis pas en état d'organiser, gérer, faire face… » • **Respirer** consciemment, avec l'abdomen, de manière sonore et en ralentissant le rythme, prolonger l'expiration, compter mentalement, bâiller… • **Évacuer par le corps** : marcher en balançant fort les bras, faire de grands pas, dépenser beaucoup d'énergie ou appuyer fort contre un mur pour « décharger ». • **Décompresser** : se donner un délai pour réfléchir, relativiser, faire un *pack aventure* minute. → *voir p. 14* • **Mettre de l'ordre dans ses idées** : faire une liste, un plan, un planning, écrire sur des post-it…
Lutte	• **Reconnaître et accepter** son état de stress : « Je suis en colère, c'est pour ça que je veux avoir raison. Pour le moment, je ne suis pas en état de discuter. » • **Respirer** consciemment, avec l'abdomen, de manière sonore et en ralentissant le rythme, prolonger l'expiration, compter mentalement, bâiller… • **Évacuer par le corps** : crier très fort, boxer dans l'air, utiliser son énergie pour faire quelque chose d'utile. • **Reformuler** le problème de manière claire et objective, décrire uniquement les faits, sans jugement ni interprétation.
Inhibition	• **Reconnaître et accepter** son état de stress, avec bienveillance pour soi-même : « Pour le moment, je ne suis pas en état de décider ou d'agir… » • **Respirer** largement en ouvrant la cage thoracique et l'abdomen, ouvrir la fenêtre et s'imprégner des odeurs. • **Évacuer par le corps** : cocooner, pleurer, se chouchouter. • **Changer sa posture** : se redresser, lever les bras, prendre une attitude de vainqueur. • **Se remettre en action** : baliser clairement les étapes, avancer progressivement, petit à petit, se fixer un premier petit objectif.

5 Le stress, une question d'état d'esprit

- En restant attentif au signal du stress, nous pouvons apprendre à développer **l'état d'esprit** qui nous permettra de vivre presque toutes les situations avec une attitude zen et calme.
- Il vous arrive sûrement d'être en retard et de vous sentir cool au lieu d'être stressé. Cet exemple montre que ce n'est pas le retard qui est stressant mais bien l'état d'esprit dans lequel nous sommes. En fonction de votre état d'esprit, **certains sujets seront perçus comme des « prédateurs » et d'autres pas**.
- Certains sujets n'engendrent jamais de stress **pour nous** et d'autres engendrent du stress presque à chaque fois. C'est normal. Face à une chambre en désordre, certains vont être calmes et détendus et d'autres vont stresser.
- Ne nous privons pas d'éliminer ce qui engendre du stress quand c'est possible. **Mais quand ce n'est pas possible, changeons d'état d'esprit !**

→ *Faites le test : Qu'est-ce qui me préoccupe ? p. 29*

À vous de jouer !

Consigne : Remplissez ce *pack aventure* en pensant à ce qui vous stresse et à ce que vous souhaiteriez à la place. → *corrigé p. 144*

Ce qui me stresse		Ce que je souhaiterais à la place	
Inconvénients	**Avantages**	**Inconvénients**	**Avantages**
•	•	•	• ....
•	•	•	• ....
•	•	•	• ....
•	•	•	• ....

6 Comment en finir avec le stress ?

Voici trois exercices qui vous permettent de gérer votre stress.

a. La pyramide moyens/exigences

- Faire une pyramide permet de visualiser le rapport entre nos exigences et les moyens mis en œuvre pour y parvenir.

- Si vos **exigences** sont plus importantes que vos **moyens**, cela va engendrer du stress. Par exemple, si votre exigence est « je veux réussir ma seconde » et que vos moyens sont « ne rien faire », vous vous sentirez stressé. Vous vous sentirez mieux, plus détendu, **si vous vous donnez les moyens de vos exigences**. Par exemple, pour votre exigence « réussir ma seconde », vous serez moins stressé si vous écoutez en classe, si vous étudiez vos cours.
- Pour éliminer le stress, il faut que vos exigences se transforment en **objectifs** ou **ambitions**.
- Pour ce faire, il faut comprendre que **vous pouvez agir sur ce qui ne dépend que de vous** pour avoir le plus de chances d'atteindre votre objectif ou ambition. Par exemple, pour l'objectif « réussir ma seconde », ce qui dépend de vous, c'est « étudier mes cours » ; en revanche, ce qui ne dépend pas de vous, c'est le choix du sujet du contrôle, donc il ne sert à rien de perdre du temps et de l'énergie à essayer de deviner ce qui va tomber le jour du contrôle.
- **Tout ne dépend pas de vous**, donc il faut inclure les risques de ne pas atteindre votre objectif. Par exemple, si vous avez l'ambition d'avoir des relations épanouissantes avec vos camarades de classe, vous allez vous comporter de manière sympa, cool et respectueuse mais cela ne garantira pas à 100 % la réussite de votre objectif, car cela dépend aussi des réactions des autres.

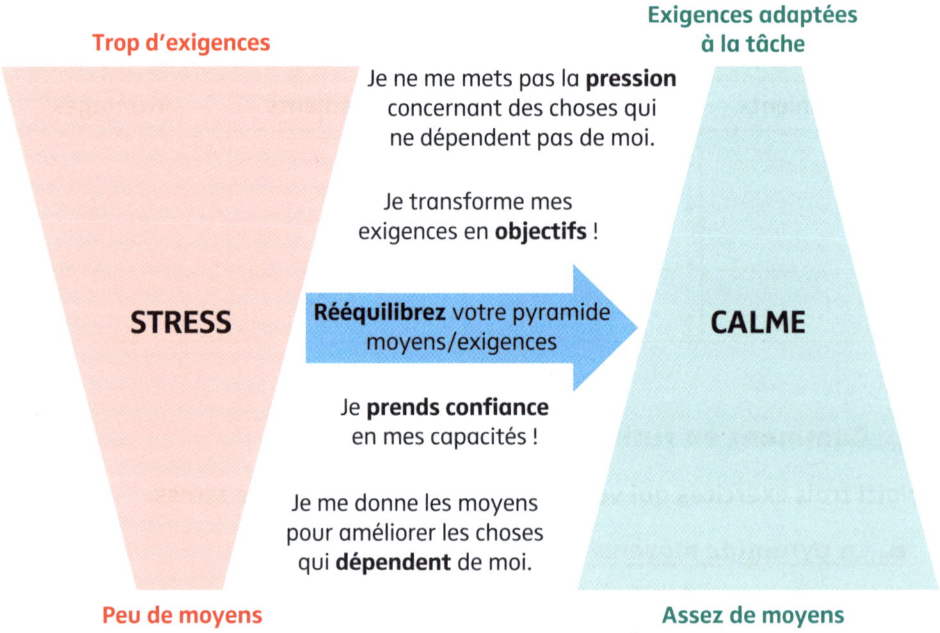

b. Les pensées apaisantes

- Quand vous êtes stressé, lisez les phrases ci-dessous, apprenez-les par cœur pour pouvoir les évoquer à tout moment.

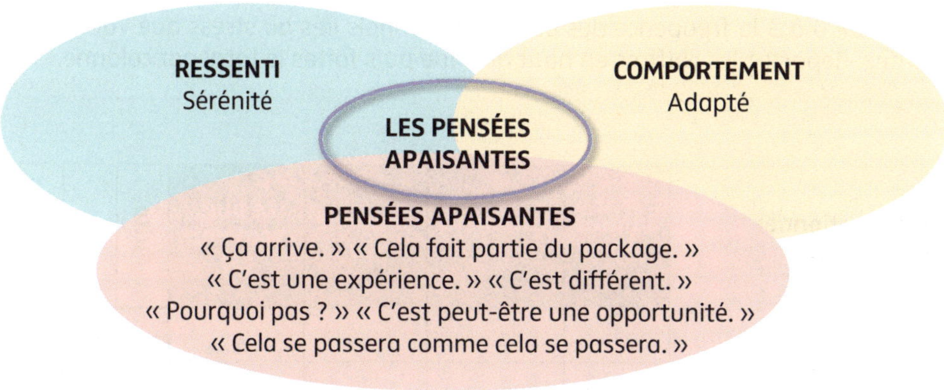

c. La symphonie des sens

- Cet exercice est à faire quand vous prenez connaissance du sujet d'un contrôle ou le soir dans votre lit pour trouver le sommeil. Il permet de **changer d'état d'esprit pour être calme et serein**.
- Concentrez-vous d'abord sur **un son**, puis sur un **deuxième**, différent du premier, puis sur un **troisième**, comme s'ils étaient des instruments de musique. Gardez bien à l'esprit ces trois sons tout en **prenant conscience** du contact de votre corps sur la chaise, de vos pieds sur le sol, de la sensation des vêtements sur votre peau, du goût que vous avez dans la bouche, de la qualité de l'air que vous respirez. Détente assurée !

POINT INFO ! Un stress, deux états d'esprit

Dans l'approche neurocognitive, le stress est un **signal** qui nous montre que nous ne sommes pas dans le bon état d'esprit pour gérer la situation. C'est bien normal, nous sommes des êtres humains sous l'emprise de nos émotions et de nos réactions spontanées. Est-il possible de réagir autrement, avec calme ? Oui ! Vous réagissez déjà avec calme et recul dans beaucoup de situations… surtout pour les problèmes des autres.
Deux états d'esprit nous guident pour gérer toutes les situations :
– **l'état d'esprit émotionnel**, spontané et automatique, dans lequel nous sommes par défaut ;
– **l'état d'esprit adaptatif**, qui se développe et s'acquiert par l'éducation, les voyages, les expériences de vie, les rencontres, les réflexions et n'est pas spontané.

Les Tests

Comment le stress se manisfeste-t-il chez moi ?

Notez de 0 à 3 la fréquence des états émotionnels liés au stress que vous ressentez. Reportez les chiffres en bout de ligne puis faites le total par colonne.

État émotionnel lié au stress	Jamais (0)	Rarement (1)	Souvent (2)	Le plus souvent (3)	Fuite	Lutte	Inhibition
Confusion							
Agitation		X					
Gêne, malaise	X						
Anxiété							
Agressivité	X						
Impatience			X				
Susceptibilité							
Énervement, colère	X						
Inertie							
Découragement		X					
Abattement							
Vision négative		X					
TOTAUX					1	1	

Reportez-vous aux descriptions des trois manières d'échapper à vos états de stress → p. 24.

? Qu'est-ce qui me préoccupe ?

Évaluez sur une échelle de 0 à 10 le niveau de stress qu'engendrent les différentes situations citées ci-dessous.

Situations	0 super cool et calme										10 très stressé
• Rater un contrôle	☐	☐	☒	☐	☐	☐	☐	☐	☐	☐	☐
• Me faire interroger devant toute la classe	☒	☐	☐	☐	☐	☐	☐	☐	☐	☐	☐
• Ne pas comprendre un cours	☐	☐	☐	☐	☐	☒	☐	☐	☐	☐	☐
• Perdre à un sport	☐	☐	☐	☐	☐	☐	☐	☐	☒	☐	☐
• Ne pas avoir ses affaires en ordre	☒	☐	☐	☐	☐	☐	☐	☐	☐	☐	☐
• Être privé de sortie	☐	☐	☒	☐	☐	☐	☐	☐	☐	☐	☐
• Être en conflit avec mes parents	☐	☐	☐	☐	☐	☒	☐	☐	☐	☐	☐
• Perdre mon téléphone portable	☐	☐	☐	☐	☐	☐	☐	☐	☐	☐	☒

▶ Maintenant que vous avez identifié ce qui vous préoccupe, faites les exercices proposés → p. 25 à 27.

PRÉPARER SON ORIENTATION

Comprendre

La seconde est une année particulière car vous allez devoir faire des choix importants pour la poursuite de vos études au lycée. Or vous n'avez pas souvent été confronté à cette nécessité. C'est pourquoi il faut vous préparer dès le début d'année pour vraiment choisir votre orientation.

1 Prendre le temps de se (re)découvrir

- En début d'année, essayez de **travailler sur vous** pour mieux vous connaître : vos qualités, vos défauts, vos centres d'intérêt, ce que vous savez faire.
- Interrogez-vous sur vos **goûts**, ce qui vous procure du **plaisir** et ce que vous aimez faire en dehors du lycée.
- Le test (*→ p. 12*) vous permettra de trouver les conditions dans lesquelles vous vous sentez bien, en adéquation avec vos capacités et ce que vous aimez faire.

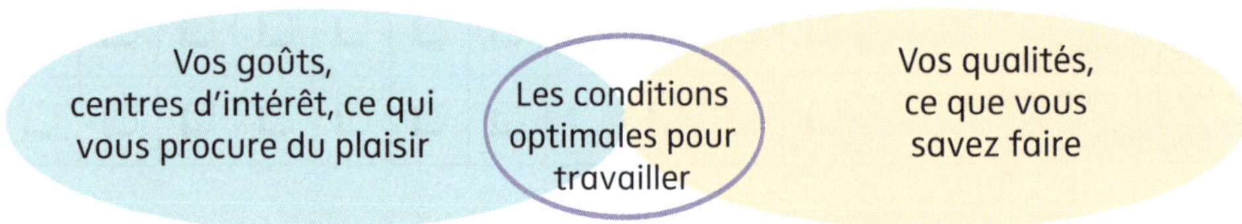

2 Faire un point sur ses réussites scolaires

- Listez les **matières** que vous **aimez** au lycée et **celles qui vous plaisent moins** et expliquez **pourquoi**. Vous pourrez dégager ainsi des domaines qui vous intéressent et dans lesquels vous êtes à l'aise.
- Essayez d'identifier les enseignements de spécialité qui correspondraient le plus à **vos domaines d'intérêt et vos résultats scolaires**. Cela vous permettra de vous fixer des objectifs de **progrès** si vos résultats ne sont pas très bons dans un des enseignements de spécialités souhaités.

3 Anticiper les grandes étapes de l'orientation

- N'attendez pas le dernier trimestre pour travailler sur votre orientation. Le calendrier prévoit différentes phases avec des rendez-vous importants.

1er trimestre Information	2e trimestre Demande provisoire	3e trimestre Demande définitive
• J'essaie de mieux me connaître et de trouver ma personnalité. • Je m'informe sur les différentes spécialités proposées dans mon lycée. • Je m'informe sur les sites et revues spécialisés comme l'Onisep. • Je peux commencer à me rendre sur les salons étudiants. • Je peux prendre rendez-vous avec le conseiller d'orientation psychologue, le professeur principal pour avoir des conseils, pour m'aider si je suis en difficulté.	• Je continue à approfondir mes recherches sur mes centres d'intérêt. • Je fais mes demandes provisoires en fonction de mes centres d'intérêt, de mes résultats. • Je prends rendez-vous avec mon professeur principal si je suis toujours en difficulté pour réfléchir à une éventuelle réorientation, un redoublement en fonction de mon projet.	• Je fais mon choix définitif : 1re générale ou technologique, 1re en voie professionnelle, redoublement. • Si je choisis une 1re générale et technologique, j'indique les enseignements de spécialité que je veux étudier. • Le conseil de classe donne un avis définitif sur mon choix. Je peux accepter ou refuser. • Si je refuse l'avis définitif, je prends rendez-vous avec le proviseur pour défendre mon choix et en cas de désaccord persistant, je peux faire un recours auprès d'une commission d'appel.

4 Impliquer les parents

- **Discutez** avec eux de vos recherches, de ce qui vous intéresse au lycée. Faites-leur part de l'état d'avancement de votre projet.
- **Prenez en compte leurs avis**, leurs peurs éventuelles pour débattre et avancer vos arguments, arguments que vous trouverez en échangeant avec vos professeurs, avec des professionnels lors des salons étudiants.
- Appuyez-vous sur les **tests passés avec le conseiller d'orientation psychologue** qui dressent un profil se basant sur les centres d'intérêt.

À vous de jouer !

Consigne : Écrire une lettre à votre « futur moi ».

- **Écrivez-vous** une lettre que vous n'ouvrirez qu'en fin d'année. Commencez par « Cher moi » et exprimez d'abord vos envies, puis vos objectifs et les moyens que vous avez décidé de mettre en œuvre pour les atteindre. Rappelez dans votre lettre vos qualités et surtout, encouragez-vous !

Conseil

Vous pouvez écrire votre lettre sur le site www.futureme.org et décider de la date à laquelle vous la recevrez par mail.

Consigne : Réaliser une affiche dont vous êtes le héros.

- **Choisissez un thème :** Vous dans 5 ans – Vos centres d'intérêt – Ce que vous aimez dans la vie/Ce que vous n'aimez pas.
- **Réalisez l'affiche** en utilisant des magazines que vous découperez et collerez, dessinez, peignez, vous êtes libre !
- **Version longue :** débutez en réalisant un fond de couleur à l'aide morceaux de papiers collés. Choisissez la couleur qui vous convient le mieux. Cette étape, d'environ 45 minutes, permet de se mettre en condition de réflexion et d'introspection.

S'ADAPTER À LA CLASSE DE SECONDE

Comprendre

Le changement est stressant. Il peut engendrer des émotions désagréables : on peut se sentir anxieux, menacé, déçu, en colère, incompétent, frustré ou coupable. Mais le changement fait partie de la vie. Apprendre à s'adapter à ces changements vous aidera à vous sentir maître de la situation et plus confiant dans votre propre vie.

1 Faire le point sur ce qui ne va pas changer

- **Mettre en évidence ce qui ne va pas changer rassure** et permet de relativiser le changement.

Liste de ce qui ne va pas changer pour vous	Liste de ce qui va changer pour vous
•	• les copains
•	• les profs
•	• la prise de notes
•	• la quantité de travail

2 Demander de l'aide et solliciter des connaissances

- **Solliciter des personnes qui pourraient vous aider** est une preuve d'autonomie et donc de maturité. Réfléchissez à trois personnes « ressources » qui pourraient vous apporter un soutien, des informations ou autre.

3 Apprendre à relativiser

- Vous avez déjà traversé des changements auparavant, et pour certains d'entre vous des changements majeurs. Vous vous êtes adaptés alors, **vous avez donc en vous cette capacité à vous adapter à un nouveau changement**. Pour vous aider, mettez en évidence quatre avantages que ce passage en seconde va vous apporter.

Avantages du passage en seconde	
Avantage 1 :	Avantage 3 :
Avantage 2 :	Avantage 4 :

4 Se faire confiance

- Vous avez des qualités et des ressources infinies. Listez six qualités/talents/compétences que vous avez et qui vont vous aider à gérer ce passage en seconde.

Mes qualités/talents/compétences pour gérer le passage en seconde	
1.	4.
2.	5.
3.	6.

5 Développer un état d'esprit « adaptatif »

- Cet état d'esprit (→ p. 27) vous servira tout au long de votre vie et vous permettra de vous sentir serein, cohérent et « maître » de vos choix. Comment ?

  – En mettant vos *a priori* de côté. Ils vous empêchent de rester curieux !

  – En acceptant **la réalité telle qu'elle est**. Il est inutile de dépenser de l'énergie à refuser ce qui existe puisque cela existe, surtout si vous n'avez aucun pouvoir d'action. C'est valable pour la météo mais aussi pour ce que les autres font, ce que les autres disent, ce que les autres pensent.

  – En nuançant vos propos et vos jugements. **Rien n'est tout blanc ou tout noir**.

– En relativisant vos certitudes. Ce ne sont que des opinions parmi d'autres opinions **relatives à votre époque, culture, éducation ou expérience.**

– En réfléchissant aux causes des effets.

– En assumant vos actes et vos paroles et **leurs conséquences** et en osant vous individualiser car c'est VOTRE vie...

- Pour vous aider, voici **quelques pensées** à cultiver régulièrement :

  – « Je ne peux pas empêcher les événements de survenir, mais je peux décider ma façon d'y réagir. »

  – « Je ne suis pas parfait ; c'est normal de faire des erreurs. »

  – « J'ai de la valeur, quoiqu'il arrive. »

  – « Ce que je ne sais pas, je peux l'apprendre. »

  – « Tout peut être une opportunité d'apprendre. »

  – « Qu'est-ce que je veux vraiment ? »

- La meilleure façon de sortir d'un état d'esprit paralysant, c'est d'**orienter notre attention sur le résultat que nous désirons atteindre** plus que sur le problème, sur l'état d'esprit que nous souhaitons vivre plus que sur celui que nous voulons éviter.

  – Qu'est-ce que je pourrais faire pour avancer vers mon objectif ?

  – Qu'est-ce qui a bien fonctionné aujourd'hui ?

  – De quoi suis-je fier ?

  – Comment pourrais-je rendre ma journée agréable, avoir du plaisir ?

  – Qui d'intéressant pourrais-je rencontrer aujourd'hui ?

  – Qu'est-ce que j'apprécie dans ma vie ?

- **Nous possédons tous des ressources qui nous permettent de trouver comment faire face à l'insécurité qu'engendre le changement** et ainsi de transformer un risque en chance.

LES TYPES DE MÉMOIRE

Comprendre

Il existe différentes manières de traiter les informations et donc d'apprendre et de mémoriser : visuelle, auditive et corporelle. Selon votre profil dominant, vous apprenez différemment, il faut donc adapter vos méthodes pour mémoriser et réviser.

1 Identifier les processus de mémorisation dominants

- Passez le **test** proposé pour apprendre à mieux vous connaître et savoir par quel canal vous traitez le mieux les informations pour mémoriser : **visuel, auditif ou corporel** (→ *p. 38*). Ce test permet de dégager **vos profils d'apprentissage dominants.**
- Si vous avez déjà passé ce genre de test, n'hésitez pas à **recommencer** car le cerveau est plastique et **notre manière de traiter les informations n'est pas figée**. Par ailleurs, il faut souvent plusieurs tests pour identifier ses profils dominants. **L'idéal est de passer des tests tous les ans.**
- Ensuite, vous allez pouvoir mettre en œuvre les **stratégies d'apprentissage** qui vous correspondent le mieux. **N'abandonnez pas vos profils secondaires** et tentez des situations d'apprentissage qui correspondent à ces profils pour les développer. Les informations ne sont en effet jamais traitées que par un seul canal.

2 La mémoire visuelle

a. Définition

- Si vous avez une mémoire visuelle, cela signifie que vous retenez mieux ce que vous **lisez, voyez et écrivez**. Vous photographiez dans votre tête les pages de vos cahiers, le tableau…

Conseil

Utilisez dans la maison des espaces d'affichage : des post-it sur le réfrigérateur pour du vocabulaire, des cartes dans les toilettes pour mémoriser des repères en géographie…

b. Conseils

- **Soignez votre travail**, la présentation de vos cours pour que vos cahiers/classeurs soient agréables à regarder.

- Utilisez tout ce qui peut marquer votre mémoire visuellement : **couleurs, schémas, mise en page**...
- Vous pouvez **souligner** ou **surligner** des mots, des phrases, des terminaisons, etc., ou utiliser des **codes couleur**.

3 La mémoire auditive

a. Définition

- Si vous avez une mémoire auditive, cela signifie que vous retenez mieux ce que vous **entendez**. Vous comprenez et mémorisez mieux lorsque vous lisez des données **à haute voix** et **dites à l'oral ce que vous avez compris avec vos propres mots**.

Conseils

Veillez à travailler dans le calme pour éviter les interférences sonores qui gênent la concentration. Écoutez vos enregistrements avec un casque.

b. Conseils

- Écoutez bien en classe et écoutez-vous à la maison !
- Vous pouvez **lire vos cours** à voix haute, les consignes des exercices, les définitions, etc. ; vous pouvez aussi **vous enregistrer**, puis écouter l'enregistrement plusieurs fois pour bien mémoriser.
- Vous pouvez vous poser des **questions**.
- Vous pouvez également travailler **en duo ou en groupe** : échanger des questions, répéter ce que vous avez compris.

4 La mémoire corporelle

a. Définition

- Si vous avez une mémoire corporelle, cela signifie que vous retenez mieux **en bougeant**, en faisant des **mouvements**. Vos **sensations** et émotions jouent un rôle important dans la mémorisation.

Conseil

Vous avez besoin d'écrire car c'est une activité motrice.

b. Conseils

- **Participez** en classe comme à la maison.
- Privilégiez les activités de **manipulation**, les **jeux** et **l'écriture**.
- Rédigez des **fiches de révision**, des **listes** de mots, des **résumés** très courts.
- Utilisez un des murs de votre chambre pour installer un **tableau blanc**, cela vous servira pour lister, faire des schémas, organiser des idées...
- Vous pouvez réviser en vous **déplaçant**, ou encore en associant des informations à des **gestes**.

Les Tests

Quel est mon type de mémoire ?

Apprendre, tout le monde en est capable ! Il suffit juste de trouver les bonnes méthodes et de créer les bons outils. Ce test vous permettra de mieux connaître votre type de mémoire, et donc votre manière d'apprendre.

	C'est tout à fait moi (4 pts)	C'est un peu moi (3 pts)	Ce n'est pas vraiment moi (2 pts)	Ce n'est pas du tout moi (1 pt)
1 Je dessine des supports pour m'aider à mémoriser (schéma, carte, affiche...)				
2 Je me souviens mieux de ce que je lis que de ce que j'entends.				
3 Quand j'apprends du vocabulaire, je me répète la définition dans la tête.				
4 Pour mobiliser une information, je me souviens surtout des pages du manuel ou de mon cahier qui y sont consacrées.				
5 Je comprends mieux les consignes orales que les consignes écrites.				
6 J'aime mieux lire une histoire que l'entendre.				
7 J'apprends mieux un mot si je l'écris plusieurs fois.				
8 Je comprends mieux quand je lis ma leçon à voix haute.				
9 Je me souviens mieux des repères ou des règles en les répétant.				
10 J'apprends mieux quand je marche ou que je fais tourner un objet dans mes mains.				

11 Quand je relis ma leçon, il me vient beaucoup d'images du cours.				
12 Je suis manuel, j'aime construire des choses et bricoler.				
13 Je comprends mieux les explications sous forme de tableau ou de schéma.				
14 Pour retrouver une information, je me souviens surtout ce que je faisais au moment de l'apprendre.				
15 Pour retrouver une information, je me souviens surtout de ce que m'a dit mon professeur à ce sujet.				

Résultats

A	B	C
2 ...... point(s)	3 ...... point(s)	1 ...... point(s)
4 ...... point(s)	5 ...... point(s)	7 ...... point(s)
6 ...... point(s)	8 ...... point(s)	10 ...... point(s)
11 ...... point(s)	9 ...... point(s)	12 ...... point(s)
13 ...... point(s)	15 ...... point(s)	14 ...... point(s)
TOTAL ...... point(s)	TOTAL ...... point(s)	TOTAL ...... point(s)

- Si j'obtiens le score le plus élevé dans la colonne A : j'ai une mémoire **visuelle**. Je retiens mieux ce que je vois et ce que j'écris.
- Si j'obtiens le score le plus élevé dans la colonne B : j'ai une mémoire **auditive**. Je retiens mieux ce que j'entends.
- Si j'obtiens le score le plus élevé dans la colonne C : j'ai une mémoire **corporelle**. Je retiens mieux en étant en activité et en mouvements.

Conseil

*Le cerveau est **capable d'apprendre et de mémoriser autrement**. Vous pouvez donc vous entraîner à utiliser un autre type de mémoire ou à en combiner plusieurs et ainsi accroître vos facultés !*

Pour les parents !

Voici quelques conseils pour aider votre adolescent à mieux se connaître.

Comment aider votre adolescent en fonction de sa personnalité ?

Le philosophe

- le laisser organiser son travail à son rythme ;
- l'aider à organiser, anticiper ;
- stimuler sa curiosité ;
- le laisser changer souvent de matière ;
- veiller à ce que son environnement de travail soit confortable et calme ;
- l'aider à approfondir et aller dans les détails.

Le novateur

- le laisser organiser son travail ;
- le laisser aller sur Internet pour aller plus loin sur certains sujets ;
- lui demander de vous expliquer le cours ;
- stimuler sa curiosité intellectuelle.

L'animateur

- le laisser bouger et changer d'espace, de position ;
- lui permettre de faire des pauses souvent ;
- le laisser griffonner, dessiner.

Le gestionnaire

- faire un plan et un planning avec lui ;
- faire des résumés et des synthèses ;
- l'aider à avoir une vision globale ;
- le préparer à l'inconnu.

Le stratège

- lui demander de vous expliquer son cours.
- l'aider à donner du sens : à quoi peut servir cette matière ?
- quels sont les projets dans lesquels il peut utiliser ses apprentissages ?

Le compétiteur

- lui demander ses objectifs et les moyens de les atteindre ;
- valoriser l'effort et le dépassement ;
- lui lancer des défis à court terme, à moyen terme.

Le participatif

- être présent et encourageant à travers des petites attentions ;
- favoriser les ambiances chaleureuses et familières ;
- permettre les interactions avec les proches ;
- le laisser être en contact avec le groupe Whatsapp de la classe.

Le solidaire

- lui permettre d'aider un autre jeune qui a des difficultés ;
- l'aider à trouver un sens humain et solidaire à son année de seconde ;
- l'encourager à être utile et efficace.

Comment développer la confiance en soi

a. Nuancer votre regard sur vous-même

- Dites-vous : « Je trouve que je suis plutôt un parent attentionné »... pas toujours ni tout le temps et c'est bien normal. **Si votre enfant vous reproche de ne pas faire attention**, vous pouvez répondre : « Cela peut m'arriver. Je trouve que de manière générale, je suis attentif à toi. Qu'est-ce qui te fait dire que je ne fais pas attention à toi ? »

b. Comment aider votre adolescent

- Avant de donner votre avis sur un comportement, un résultat scolaire, une attitude face au travail, **questionnez votre adolescent sur ce qu'il pense de lui**, de son résultat, de son comportement, de son attitude et **seulement après, partagez votre opinion**... qui n'est qu'une opinion parmi 7 milliards d'opinions !
- Vous pouvez également stabiliser sa pensée en l'aidant à **développer un regard lucide et bienveillant** sur son comportement ou sur lui-même. Comment faire ? En général, nous sommes plus tolérants avec les autres qu'avec nous-mêmes. Les autres peuvent se tromper, mais pas moi... bizarre ! L'aider à imaginer ce qu'il penserait de son meilleur ami lui permet de développer une relation plus juste et douce avec lui-même.

L'aider à reconnaître et gérer le stress

- Les exercices proposés à votre adolescent (→ p. 25) visent à **réduire le stress** et à développer son état d'esprit adaptatif.
- Apprendre à diminuer son stress a des bénéfices multiples sur la santé (le stress est responsable de beaucoup de maladies) et sur l'efficacité dans la **gestion des situations**.
- Cet état est « contagieux » et inspire confiance. Intuitivement, nous ne faisons pas confiance à quelqu'un de stressé et nous ne trouvons pas agréable la compagnie d'un individu stressé. **Apprendre à votre enfant à développer sa sérénité** commence par vous. **Vous êtes un modèle** inspirant, rassurant, efficace, réfléchi, nuancé pour votre enfant. Développez vous aussi votre sérénité avec les *packs aventures*, les pyramides moyens/exigences, les pensées « lucides et intelligentes ». Cela demande un peu d'entraînement mais **devenir un parent plus zen, c'est possible !**
- Demandez à votre adolescent de faire le test (→ p. 28).
- **En cas de stress de fuite** : votre adolescent est confus et agité. Il peut paniquer et perdre ses moyens.

Attitudes à éviter :

– lui mettre la pression ;
– lui faire la morale et le juger ;
– le menacer et le sanctionner.

Attitudes à adopter :

– respirer avec lui calmement en le rassurant ;
– se montrer convivial et sans jugement ;
– l'aider à organiser ses pensées ;
– chercher des solutions.

- **En cas de stress de lutte** : votre adolescent est énervé et ressent un sentiment d'injustice. Il est persuadé d'avoir raison. Il peut aussi se montrer agressif.

Attitudes à éviter :

– lui donner des ordres : « calme-toi », « tais-toi », « écoute-moi » ;
– lui faire des reproches ;
– l'interrompre ;
– l'infantiliser, minimiser ;
– le menacer et le sanctionner ;
– se moquer ou faire de l'humour.

Attitudes à adopter :

– l'écouter de façon intéressée ;

– reconnaître ce que vous pouvez reconnaître (ce sur quoi vous trouvez sincèrement qu'il a raison) : « tu as raison » ; éviter le MAIS ;

– expliquer si nécessaire ;

– agir ou s'engager à agir : « je vais me renseigner, je reviens vers toi, je m'engage à... »

- **En cas de stress d'inhibition** : votre adolescent est découragé, se sent dépassé, a l'impression qu'il ne va jamais y arriver.

Attitudes à éviter :

– le secouer et le forcer à agir ;

– le juger ;

– le laisser seul.

Attitudes à adopter :

– l'aider à transformer la montagne en escalier ;

– être présent ;

– le rassurer, lui dire qu'il n'est pas seul et que vous êtes là pour l'aider.

L'aider à préparer son orientation

- **Anticipez son orientation** en réfléchissant avec votre jeune tôt dans l'année. Proposez-lui de se documenter en lisant des revues, en faisant des recherches sur des sites spécialisés comme l'Onisep ou encore en l'accompagnant à des salons étudiants, des portes ouvertes de lycée, de BTS... Cela sera l'occasion de l'écouter et d'échanger avec lui sur ses désirs, ses goûts.
- **Valorisez ses réussites** scolaires mais aussi extrascolaires. Les activités extrascolaires lui permettent de développer des compétences transférables dans le monde du travail.

Mes notes

S'organiser pour mieux optimiser son travail

GÉRER SES TEMPS LIBRES AU LYCÉE

À quoi ça sert ?

Au lycée, les journées peuvent commencer à 8 heures et se terminer à 18 heures. Mais dans la journée, il est possible d'avoir plusieurs heures « libres », bien souvent appelées « permanence ». Une utilisation efficace de ces heures dans votre emploi du temps peut vous faire gagner du temps et vous libérer votre fin de journée ou une partie du week-end.

ÉTAPE 1 La veille : anticiper

- Pour les **permanences régulières**, **anticipez** en prévoyant la veille le matériel nécessaire pour vous avancer dans vos devoirs. Vous pouvez prévoir de faire les devoirs donnés pour la fin de la semaine par exemple, il vous faudra donc prendre avec vous les affaires nécessaires (manuels, cahier…).

Conseil

Pensez-aussi à utiliser ces temps libres pour préparer votre orientation en allant voir le conseiller d'orientation ou en consultant les revues et sites spécialisés au CDI.

ÉTAPE 2 Faire de l'heure de permanence un temps de travail

- Commencez par le travail déjà prévu pour le **lendemain**. S'il vous reste du temps, faites les exercices **donnés dans la journée**, car vous avez en tête la leçon et les conseils des professeurs.
- Apprenez vos leçons pour les évaluations ou faites des exercices d'entraînement quand il y a trop de bruit pour réviser.
- Si vous n'avez aucun travail prévu, c'est le moment de prendre 5 minutes pour **vous souvenir de ce que vous avez travaillé dans la journée et comment**. Ensuite, relisez vos notes pour corriger les fautes d'orthographe, souligner, noter des informations supplémentaires qui vous reviennent à l'esprit.

ÉTAPE 3 Travailler en groupe

- Ces heures libres sont aussi le bon moment pour vous retrouver en groupe. Vous pouvez faire des **recherches** pour un exposé au CDI ou vous retrouver dans des salles réservées au travail en autonomie.

- Vous pouvez alors **retravailler des cours avec vos camarades**, vous poser des questions sur des points précis, échanger vos prises de notes.
- En période d'évaluations, essayez de réviser en équipe.

→ ***Voir Travailler à plusieurs p. 129***

ÉTAPE 4 Se détendre

Dans votre emploi du temps, vous pouvez prévoir des heures de **détente**.

- Au lycée, il est toujours possible de faire une **pause conviviale** avec des amis :
  – au foyer, vous pourrez écouter de la musique, faire des jeux (billard, jeux de société) et tout simplement discuter ;
  – dans des espaces aménagés à l'intérieur des bâtiments (bancs, table...).
- Le **CDI** peut aussi permettre une pause détente autour d'un livre, d'une revue.
- Vous pouvez également vous inscrire à des ateliers ou vous consacrer au Conseil de vie lycéenne.
- Les **sorties** en dehors du lycée constituent aussi une attraction incontournable, surtout la première année de seconde. Il est très tentant de partir se balader, faire les magasins lorsque l'emploi du temps le permet. Le risque est de généraliser ces sorties à chaque temps libre.

Conseil

Pour profiter avec vos amis des sorties en dehors du lycée, fixez une date où tout le monde sera libre et discutez avant de ce que vous aimeriez faire.

ÉTAPE 5 Faire le point

- En début d'année, prenez le temps, le dimanche soir, de faire un point sur la **gestion de votre emploi du temps** au lycée en remplissant ce **tableau**.

Cette semaine...	**Tout le temps**	**Assez souvent**	**Pas souvent**	**Jamais**
J'ai travaillé pendant mes heures de permanence...				
J'ai jugé mon travail efficace pendant mes heures de permanence...				
J'ai pu avoir un peu de temps libre le soir...				
J'ai pu profiter de mon week-end pour sortir avec mes amis, faire du sport...				

- Si vous avez des réponses dans les deux colonnes de droite, posez-vous la question du « pourquoi ».

ORGANISER SA PRISE DE NOTES

À quoi ça sert ?

Savoir prendre des notes est indispensable au lycée – les professeurs n'écrivant plus les cours au tableau –, puis dans sa vie professionnelle. Prendre des notes nécessite de savoir sélectionner les informations essentielles et de les organiser afin de pouvoir les mémoriser par la suite. Savoir prendre des notes, c'est déjà apprendre son cours.

ÉTAPE 1 Comprendre et sélectionner l'essentiel

- Ne cherchez pas à noter **tout ce que dit** votre professeur en classe, vous risquez de perdre le fil directeur du cours. Vous devez d'abord **comprendre** les propos pour en sélectionner l'essentiel.
- Dégagez les **liens logiques**, les transitions pour essayer de trouver **le plan** et/ou les idées principales :

  – Faites bien attention à la manière dont votre professeur commence ses phrases.

  ▶ **Exemple en SES :** « *Les différences de consommation sont très fortes dans deux domaines...* » *Cela implique deux sous-parties à organiser.*

  – Repérez également les connecteurs de temps et les connecteurs logiques : *tout d'abord/ensuite/enfin, d'une part/d'autre part...*

ÉTAPE 2 Réduire les mots

- Vous pouvez commencer par utiliser les **abréviations courantes** (voir tableau). Une fois adoptés, les abréviations et signes ne doivent pas changer et avoir toujours la même signification. *Exemple : M. signifiera toujours Monsieur.*
- **Supprimez des lettres** à l'intérieur des mots. *Exemples : agglomération = agglo ; donc = dc.*
- Supprimez **tout ce qui n'est pas indispensable à la compréhension** : les articles, certains verbes (*être, semble*...).

Conseil

Utilisez les abréviations et les signes qui ont le plus de sens pour vous. Cela ne doit pas nécessiter l'usage d'un index pour être efficace.

ÉTAPE 3 Organiser sa prise de notes

- Si vous n'avez pas de cahier, utilisez **toujours le même format de papier** pour tous les cours et n'écrivez que sur les **rectos**. Vous pourrez ajouter des feuilles par la suite si vous avez fait des recherches supplémentaires. **Le verso vous servira à noter des questions, remarques, conseils, exemples.**
- Si vous avez un **cahier**, vous utiliserez les **marges** pour vos annotations.
- **Soignez votre écriture et ne surchargez pas trop vos notes de couleurs et de mots soulignés :**
  – **soulignez** les titres et sous-titres ;
  – utilisez des **couleurs** pour le vocabulaire, les définitions.
- Organisez votre prise de note sous la forme qui vous convient le mieux : **schéma, carte mentale, linéaire avec des tirets…**

Abréviations courantes	
Attention : !	Être : ê
Augmentation, croissance : ↑	Femme, féminin : ♀
Beaucoup : bcp	Homme, masculin : ♂
C'est-à-dire : càd	Pendant : pdt
Conclusion : ccl	Pourquoi : ?
Dans : ds	Quelqu'un : qqn
Définition : déf	Temps : tps
Donc, en conséquence : ⇒	Toujours : tjrs
Environ, à peu près : ≈	Travail : W

▶ Exemple en histoire « La place de l'Europe dans le peuplement de la Terre »

Texte entièrement rédigé

À partir de 1750 et tout au long du XIXe siècle, la croissance de la population mondiale s'accélère de façon spectaculaire, passant de 690 millions à 1,6 milliard de personnes en 1900. Ce changement est surtout dû à l'augmentation de la population en Europe qui passe de 125 à 422 millions d'habitants dans le même temps.

– ↑ spectaculaire pop mond
à partir de 1750 et pdt tt XIXe :
690 M / 1,6 Md
– Changement surtout dû ↑
pop en Europe

RÉAGIR À LA BAISSE DES RÉSULTATS

À quoi ça sert ?

Les résultats au lycée sont souvent moins bons qu'au collège, notamment l'année de seconde. Il arrive parfois que les notes soient mauvaises, ce qui vous décourage et peut avoir des conséquences négatives sur votre investissement, votre travail... et donc sur vos futurs résultats. C'est pourquoi il est important de réagir car il est toujours possible de s'améliorer.

ÉTAPE 1 Travailler sur ses erreurs

- Reprenez votre copie en identifiant tout ce que vous avez **réussi**, cela vous permettra de **relativiser** votre impression générale négative.
- Essayez de **comprendre pourquoi** votre professeur vous a retiré des points, écrit des commentaires.
- Cherchez dans vos leçons, exercices, manuels, des éléments qui pourraient vous aider à mieux comprendre et (re)faire les exercices de l'évaluation.

Conseil

Lorsque vous avez un mauvais résultat, essayez de ne pas vous laisser submerger par la colère, la tristesse. Écoutez bien la correction, prenez en note tous les conseils et posez des questions au professeur lorsque vous ne comprenez pas la correction.

ÉTAPE 2 Faire un bilan sur ses méthodes d'apprentissage

- Si vos résultats ne sont pas satisfaisants et en baisse par rapport au collège, prenez le temps de faire un **bilan sur vos méthodes** d'apprentissage en vous appuyant sur la dernière évaluation.
- Vous pouvez déjà dégager quelques **pistes de travail** en fonction de vos réponses.

	Tout à fait	Plutôt oui	Pas vraiment	Pas du tout
J'avais bien pris le temps pour réviser ma leçon.				
J'avais révisé à partir de fiches ou cartes mentales, affiches, enregistrements...				
J'avais refait les exercices (s'il y avait des exercices en lien avec la leçon).				
J'avais anticipé mes révisions, je n'avais pas révisé la veille pour le lendemain.				
J'avais tout compris au moment des révisions.				

ÉTAPE 3 Faire le point sur le travail réalisé en évaluation

- Ces questions vont peut-être vous permettre d'identifier ce qui vous bloque en évaluation. Si vous devez travailler les méthodes, reportez-vous aux pages « Apprendre à apprendre ».

→ ***Voir notamment les pages « Apprendre à comprendre les consignes », p. 78 et « Réaliser les exercices codifiés », p. 86 à 100***

	Tout à fait	Plutôt oui	Pas vraiment	Pas du tout
Avez-vous bien compris le sens des questions ?				
Avez-vous eu suffisamment de temps pour faire le travail demandé ?				
Est-ce qu'il vous a manqué des connaissances ?				
Avez-vous manqué de méthode ?				
Étiez-vous anxieux ?				
Avez-vous eu la sensation de ne plus rien savoir ?				
Avez-vous eu mal au ventre ?				

- Si vous êtes stressé, anxieux, prenez le temps de faire un **petit exercice de relaxation** au tout début de l'évaluation. Profitez du temps de l'appel de début d'heure ou encore du moment de la distribution des sujets de l'évaluation.
- Quand vous sentez « monter » la peur, le stress, localisez la partie de votre corps qui est impactée par cette montée de stress. Cela peut être l'impression d'avoir le ventre noué, la gorge serrée, les mains qui tremblent. Ensuite, respirez calmement par le ventre et soufflez tout doucement l'air par la bouche jusqu'à disparition de cette sensation dans votre corps. Vous devriez retrouver rapidement le calme.

→ ***Voir Reconnaître et gérer son stress, p. 22***

ÉTAPE 4 Planifier une nouvelle stratégie pour apprendre

- Selon vous, que faut-il améliorer pour les prochaines évaluations ?
  - ❑ Réviser plus longtemps / Anticiper les révisions / Faire des exercices d'application.
  - ❑ Apprendre en utilisant des outils de révision (fiches, cartes mentales...).
  - ❑ Demander de l'aide (auprès des camarades, professeurs, parents).
  - ❑ Tester une autre manière de réviser.
  - ❑ Faire des exercices de relaxation la veille et avant de débuter l'évaluation.

ORGANISER ESPACE, TEMPS ET OUTILS DE TRAVAIL

À quoi ça sert ?

La vie de lycéen donne une plus grande autonomie, notamment dans la gestion du temps et des outils de travail. Il faut donc réfléchir à votre organisation personnelle afin de bien commencer l'année scolaire. Mais bien s'organiser ne se fait pas d'un seul coup et il faut essayer tous les jours de s'améliorer.

ÉTAPE 1 S'approprier son espace de travail

- Votre chambre est un lieu où vous passez beaucoup de temps, organisez-la en **différenciant les espaces de détente et de travail** :
  – un espace détente : lit, poufs, coussins, magazines, musique ;
  – un espace de travail avec votre bureau, vos cours et vos livres.
- **Personnalisez votre bureau** pour vous sentir bien. Faites d'abord le tri pour distinguer le nécessaire de l'inutile puis regroupez les fournitures de base (feuilles, crayons...) dans un tiroir par exemple. Réservez une place facile d'accès pour les dictionnaires et manuels.
- Stockez et classez vos cours dans un espace à part mais pas trop loin du bureau, sur une étagère par exemple.

ÉTAPE 2 S'imposer un cadre et des routines

- Créez des routines, de **petites habitudes** avant de commencer, pour vous **mettre en condition**. Par exemple : écouter une musique relaxante, promener le chien...
- Mais évitez de consulter des écrans juste avant de travailler car on y passe toujours plus de temps que prévu !
- Éteignez ensuite votre portable et faites savoir à votre entourage que vous avez besoin de **calme**. Au besoin, affichez une pancarte sur la porte de votre chambre.

Conseil

La gestion du temps est un enjeu important pour bien réussir au lycée. Faites le test p. 12 pour mieux comprendre votre gestion du temps et les difficultés que cela peut engendrer.

- Après une séance de travail (45 minutes environ), détendez-vous et faites quelque chose d'agréable (5 minutes) : appelez un ami, écoutez un peu de musique, sortez prendre l'air.
- En période de révision, pour un devoir commun par exemple, renouvelez trois fois cette organisation : 45 minutes de travail/5 minutes de pauses, puis après la quatrième séance de travail, faites une vraie pause, plus longue, de 30 minutes.

ÉTAPE 3 Gérer ses outils : l'agenda

- L'agenda est l'outil de base pour vous aider à vous organiser et travailler. Il peut être papier ou électronique. Bien utilisé, il vous permet d'**anticiper le travail** et les événements importants à venir pour ne pas se sentir dépassé.

> **Conseil**
> *Un agenda clair et complet vous permettra d'éviter un travail de dernière minute rarement efficace.*

- Vous pouvez utiliser des **couleurs différentes en fonction de la nature des activités** : bleu pour le travail scolaire, vert pour les loisirs, noir pour les obligations familiales (exemple : aller chercher sa petite sœur à l'école). Réservez l'usage du fluo pour mettre en évidence des travaux scolaires importants (exposé, devoir commun...).

ÉTAPE 4 Gérer ses outils : cahiers, trieurs ?

- Si les enseignants vous laissent le choix, choisissez le mode de fonctionnement qui vous **correspond le mieux**.

> **Conseil**
> *Pour débuter et apprendre à vous organiser, choisissez d'utiliser un trieur pour deux à trois matières.*

- Si vous optez pour un trieur et des classeurs, il va falloir être très **rigoureux** en classe comme à la maison. En classe, numérotez et nommez chaque page utilisée. *Exemples : Maths-séq1-1 (mathématiques, séquence 1, page 1), Hist-th1-1 (histoire, thème 1, page 1), SES-1 (SES page 1).* Il est possible d'avoir une couleur de feuille par matière.
- À la fin de la semaine et/ou impérativement à la fin de chaque leçon, videz votre trieur et stockez vos feuilles et documents dans des classeurs ou des pochettes cartonnées.

ORGANISER SES RÉVISIONS

À quoi ça sert ?

Au lycée, il y a moins d'évaluations dans le trimestre, et celles-ci portent bien souvent sur plusieurs chapitres du cours. Il est donc important d'organiser ses révisions. Vous organiser dès le début de la seconde vous facilitera les révisions par la suite pour le baccalauréat.

ÉTAPE 1 Garder des traces de son travail

- **Tous les jours :**
  – analysez les annotations sur vos copies, **notez les erreurs que vous avez faites**, leurs raisons, mais aussi comment faire pour les éviter ;
  – notez les remarques (souvent à l'oral) des professeurs et leurs conseils, n'oubliez pas ceux de vos parents.
- Vous pouvez avoir un carnet spécial pour **conserver ces traces** ou encore utiliser des fiches en fonction des matières.

Conseil

N'attendez pas trop pour faire ces points car on oublie vite ce qui nous a posé problème, ou bien on relativise.

ÉTAPE 2 Évaluer ses points forts et ses points faibles

- **Le week-end, faites le point** sur ce que vous avez appris dans la semaine et identifiez les leçons que vous n'avez pas du tout comprises, celles que vous avez eu du mal à apprendre et celles qui ne vous ont posé aucun problème.
- **Reprenez vos notes** et les annotations écrites dans la marge ou au recto des feuilles. Si vous avez des questions inscrites en lien avec vos leçons, essayez d'y répondre et au besoin faites-vous aider.

→ ***Voir Organiser sa prise de notes p. 48***

ÉTAPE 3 Utiliser un code pour ses révisions

a. Avec des post-it

- Collez dans votre cahier ou sur vos feuilles de cours des post-it :
  – **jaunes** sur les pages des leçons que vous n'avez pas du tout comprises ;

– **bleus** sur les pages des leçons que vous eu du mal à apprendre ;
– **roses** pour celles qui ont été maîtrisées rapidement.

- **L'intérêt des post-it est que vous pourrez les changer** lorsqu'une leçon sera bien assimilée et comprise à la suite d'un deuxième temps de révision.

b. Avec des boîtes (idéal pour les fiches → voir p. 120)

- Réservez **trois boîtes pour stocker vos fiches** (cartes mémoires ou fiches de révision). Chaque boîte contient des fiches qu'on déplace d'une boîte à l'autre selon le niveau de mémorisation.
- **Dans la première boîte, placez les fiches des leçons que vous n'avez pas du tout comprises**, pour lesquelles vous faites encore beaucoup d'erreurs. Ces fiches seront travaillées régulièrement.
- **Dans la deuxième boîte, placez les fiches des leçons que vous avez eu du mal apprendre** mais qui sont un peu mieux maîtrisées. Ces fiches seront un peu moins travaillées.
- **Dans la troisième boîte, placez les fiches des leçons bien maîtrisées.** Ces fiches seront les moins travaillées.

Conseil

Personnalisez vos boîtes en utilisant des autocollants, de la peinture, cela rendra l'exercice plus agréable.

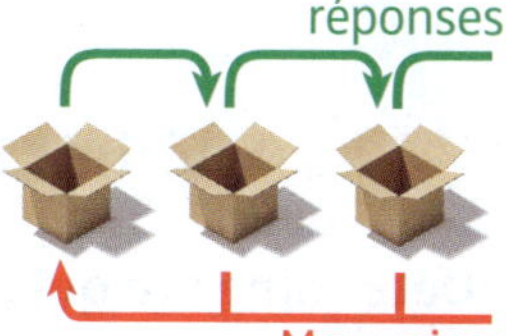

- **Au fil des révisions, déplacez les fiches** de la boîte 1 vers la boîte 2 quand vous réussissez mieux, puis vers la boîte 3 quand vous maîtrisez la leçon. Inversement, si vous faites beaucoup d'erreurs sur une leçon placée dans la boîte 3, repositionnez la fiche en boîte 2 ou 1 pour davantage la travailler.

POINT INFO ! Les boîtes de Leitner

Les **boîtes de Leitner** sont une méthode proposée par le journaliste scientifique allemand Sébastien Leitner dans les années 1970. Cette méthode repose sur le principe de la **mémorisation espacée**. Il s'agit ici de réviser à des intervalles réguliers et de laisser du temps s'écouler entre les différents moments de mémorisation pour renforcer l'apprentissage. Plus le contenu à apprendre est mémorisé et plus les séances de révision sont espacées.

GÉRER LES URGENCES

À quoi ça sert ?

Il y aura parfois des urgences à gérer dans votre année scolaire, même si vous avez une bonne organisation d'ensemble. Vous n'êtes jamais à l'abri d'un devoir donné la veille pour le lendemain ou encore d'un devoir à rendre oublié.

ÉTAPE 1 S'imposer un cadre de travail strict

- Enfermez-vous dans votre chambre, éteignez votre portable et faites savoir à votre entourage que **vous ne devez vraiment pas être dérangé**. Au besoin, prévenez vos parents que vous avez à traiter une urgence de dernière minute.

→ ***Voir Organiser son espace, son temps et ses outils de travail p. 52.***

ÉTAPE 2 Définir les priorités

- **Déterminez ce qui est le plus important et urgent** et ce qui l'est moins sans faire d'impasse. **Commencez par ces tâches-là** car vous n'êtes pas encore fatigué et votre travail sera plus efficace.
- **Terminez par le travail le plus facile, le moins urgent**, et celui que vous aimez le plus.

▶ *Exemple d'une série de devoirs inscrits sur votre agenda pour le lendemain.*

Conseil

Notez dans un cahier ou sur une feuille des pensées qui vous restent en tête et vous empêchent de vous concentrer. Exemples : « Demander autorisation ciné », « Anniversaire Marc ».

	Urgent	Pas urgent	**Top liste ! Ce qu'il faut faire**	Ce qu'il faut reporter et planifier !
Important	– DM maths – Exercices en français et en physique	– Préparer l'exposé en histoire	**1. DM maths** **2. Exercices français, physique** **3. Lecture du texte d'anglais** **4. Recopier les définitions en géographie**	5. Fiche de révision en SVT 6. Préparation de l'exposé en histoire 7. S'entraîner en espagnol avec les jeux en ligne
Pas important	– Recopier les définitions en géographie – Lire le texte d'anglais	– Fiches de révision du chapitre de SVT – Jeux en ligne en espagnol (site recommandé par le professeur)		

ÉTAPE 3 Transformer vos réactions négatives

- Faites la guerre aux **réactions négatives** en essayant de les transformer en réactions positives et en vous concentrant sur vos points forts, vos qualités. Cet exercice ne pend que quelques minutes et peut vous permettre d'évacuer une partie du stress.

Réactions négatives	Réactions positives
Je suis furieux contre moi.	**Je canalise mon énergie** sur le travail à faire d'habitude, je réussis toujours à faire mes devoirs.
Je me sens « nul ».	Je vais essayer de **trouver des solutions** pour mieux gérer mes devoirs à l'avenir.
Je ne sais pas quoi faire.	**Je demande conseil** autour de moi (camarades, parents).
Je suis submergé par les émotions et je panique.	**Je me pose**, respire un grand coup pour organiser mon travail ; je peux mettre une musique relaxante.
Je vais avoir une mauvaise note à mon DM de maths.	**Je choisis** de commencer par mon DM pour avoir une vue d'ensemble du travail à faire et je terminerai par mes exercices de géographie car je suis fort dans cette discipline.

ÉTAPE 4 Éviter de recréer des urgences

- **Motivez-vous** pour ne pas reporter les devoirs en faisant des choses qui vous semblent plus intéressantes. Si vous avez à apprendre des définitions ou mémoriser une poésie, il faudra bien le faire, mais une accumulation de devoirs peut entraîner du stress. Et n'oubliez pas, c'est pour vous que vous travaillez.
- **Travaillez régulièrement** pour prendre de bonnes habitudes de travail.

→ *Voir Organiser son espace, son temps et ses outils de travail p. 52.*

- **Prévoyez** dans votre emploi du temps des créneaux réservés à la gestion des urgences : 45 minutes le mercredi après-midi et 1 heure le week-end.

FAIRE UN PLANNING DE RÉVISION

À quoi ça sert ?

Planifier vos révisions vous rend acteur : vous ne vous contentez plus de subir, vous agissez. Il est plus facile de se mettre au travail lorsque l'on a choisi et fait son planning soi-même. Et cela permet de constater qu'il vous reste du temps libre.

ÉTAPE 1 Les devoirs communs

- En seconde, vous aurez sans doute des devoirs communs, notamment en **mathématiques** et en **français**. Un devoir commun réunit souvent **toutes les classes de seconde** le même jour sur le même créneau horaire.
- Ces devoirs ont pour objectif de **vous apprendre à réviser de manière autonome** pour vous préparer aux classes d'examen de première et terminale, c'est pourquoi ils sont annoncés longtemps à l'avance.

ÉTAPE 2 Anticiper et préparer les révisions

- Pour vous préparer au mieux, réfléchissez où vous pouvez placer des **temps de révision d'environ 30 minutes**.
- Faites-vous un emploi du temps jusqu'à la date de votre devoir commun avec des **périodes de révision** comprenant :

  – **les exercices et les évaluations** à retravailler (d'où l'importance de garder des traces de ce que vous n'avez pas bien compris !) ;

  → *Voir Organiser ses révisions p. 54*

  – **les leçons** à mémoriser (vocabulaire, théorème, propriétés…) ;

  – **les exercices supplémentaires** donnés par vos enseignants pour vous entraîner ;

  – **des temps d'approfondissement** : recherches sur Internet, au CDI ou dans le manuel.

Conseil

Ne prenez pas sur vos nuits de sommeil pour réviser plus.

- **Alternez vos révisions avec les devoirs maison quotidiens.** Vos révisions ne doivent pas empiéter sur les devoirs. Faites sonner une alarme pour terminer vos temps de révision à l'heure.

ÉTAPE 3 Tenir bon !

- **Ne mélangez pas les activités** : si vous êtes sur un temps de révision, ne répondez pas au message d'un ami, prévoyez de le faire sur un temps de pause. Ces temps supplémentaires doivent être identifiés comme de vrais temps de travail. Et si vous êtes sur un temps de pause, profitez-en !
- Essayez de bien **respecter les horaires fixés dans votre emploi du temps**. Avoir écrit noir sur blanc ce que vous avez à faire évitera de vous dire « j'ai mieux à faire ». Mais si vous sentez que le rythme est trop soutenu, révisez davantage le week-end pour souffler dans la semaine.

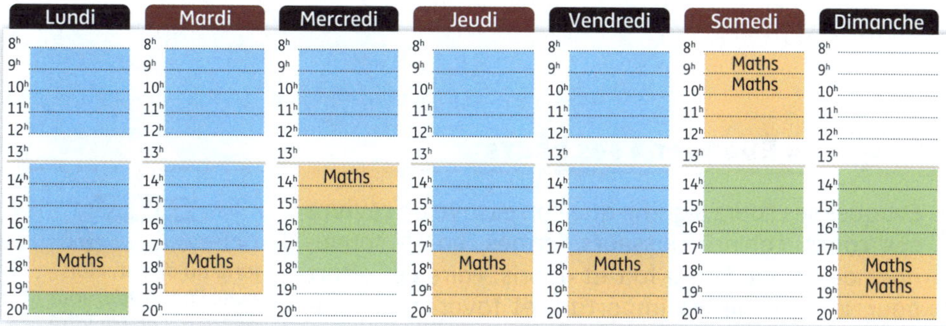

Le temps de classe — Le temps réservé aux activités exrtrascolaires et aux loisirs (musique, sport, sorties...)
Les moments disponibles pour travailler, que ce soit à la maison, au lycée, à la bibliothèque...)

→ un emploi du temps avec des révisions pour un devoir commun en maths

POINT INFO ! Ce que nous disent les neurosciences

Sur le circuit de récompense

Au centre de notre cerveau, ces réseaux de neurones s'activent lorsque nous vivons une expérience agréable, positive, ce qui nous pousse à recommencer. Il faut donc essayer de trouver du plaisir et de la motivation au moment de travailler. C'est pourquoi, il est important d'apprendre à « se récompenser » après une séance de travail, à se motiver en faisant un planning de révision.

Sur le circuit de l'anxiété

Les neurones s'activent ici dans une zone du cerveau qui crée du stress, de l'anxiété. Dans ce cas, il est plus difficile de mémoriser, de faire des liens, on a le sentiment d'être « nul ». Le travail accompli est alors beaucoup moins efficace, ce qui renforce le sentiment d'impuissance.

APPROFONDIR SON TRAVAIL À LA MAISON

À quoi ça sert ?

Au lycée, le travail personnel à la maison doit être approfondi. Il ne s'agit pas de faire uniquement les exercices notés dans l'agenda... Approfondir son travail consiste à retravailler sur les cours de la journée afin de bien les comprendre pour être capable de suivre correctement les suivants. Après cette phase de travail, vous pouvez passer aux exercices inscrits dans l'agenda.

ÉTAPE 1 « Évoquer » ses cours

- Évoquer ses cours signifie que l'on essaye de **revivre ses cours**, cahiers/classeurs fermés, en se souvenant de ce que l'on a fait et appris. Faire cet effort pour se souvenir est important et favorise la compréhension et la mémorisation.
- L'idéal est de reprendre tous les cours de la journée **dans l'ordre chronologique**. Partez de votre emploi du temps pour ne rien oublier.

Conseil

Ce travail peut être long au début. Mais avec l'habitude, vous gagnerez en rapidité. Si vous n'avez pas le temps de tout reprendre, concentrez-vous sur les matières où vous êtes le moins à l'aise et les cours durant lesquels vous n'avez pas tout compris.

ÉTAPE 2 Relire et corriger ses cours

- **Relisez** vos cours **de manière active** en corrigeant les fautes d'orthographe et les erreurs, en soulignant les titres. **Complétez-les** si vous avez repéré des oublis.
- C'est le moment de **remettre vos cours en ordre**. Classez, collez les documents afin d'éviter les feuilles volantes. Numérotez les pages et les documents pour apprendre dans le bon ordre votre leçon.

Ce temps est particulièrement utile si vous avez un trieur, car il est indispensable de classer ses feuilles au fur et à mesure.

ÉTAPE 3 Reformuler ses cours

- **Listez** au brouillon **ce que vous avez retenu** pour chaque cours. Puis **identifiez ce que vous n'avez pas bien compris** afin d'approfondir en faisant des recherches dans votre manuel par exemple. Si vous êtes toujours en difficulté de compréhension, demandez des explications supplémentaires à votre professeur.
- Vérifiez que vous avez bien compris en **reformulant** à votre manière les idées générales, le vocabulaire nouveau, les mots importants. Vous pouvez le faire à l'oral, à l'écrit, en faisant une carte mentale, un dessin...

→ ***Voir La Carte mentale p. 101***

- Si vous avez des difficultés à reformuler, c'est que vous n'avez sans doute pas tout compris. Cherchez alors des **explications** dans votre manuel, Internet, **sollicitez de l'aide** auprès de vos camarades et vos enseignants.

ÉTAPE 4 Faire des liens

- Il s'agit d'une étape très importante où vous **organisez vos connaissances**, vous les classez pour pouvoir les mobiliser par la suite.
- Pour cela, faites le lien avec ce que vous avez déjà appris : en établissant des liens logiques « c'est comme... », des liens de différences « ce n'est pas pareil que... », des liens de hiérarchisation ou de chronologie « d'abord, ensuite, enfin ».

▶ **Exemple en histoire :** après avoir étudié l'Empire romain et les cités du Ier au IIIe siècle après J.-C., vous pouvez lister les points communs et les différences entre le citoyen romain et le citoyen à Athènes (étudié lors de la leçon précédente). Vous mettrez surtout ici en évidence les différences.

ÉTAPE 5 Mémoriser

- Découvrez différentes techniques dans l'ouvrage pour mémoriser et réviser.

→ ***Voir les pages « Apprendre à apprendre » p. 101 à p. 141***

PARTICIPER EN CLASSE

À quoi ça sert ?

Participer en classe est important. Cela permet de mieux comprendre ce qui est travaillé en cours, le travail de mémorisation est aussi plus facile. Mais c'est parfois difficile : peur des moqueries ou de se tromper, manque de confiance...

ÉTAPE 1 Être actif et attentif en cours

- Si vous avez pris le temps de **retravailler vos cours la veille**, vous pourrez **mobiliser votre attention sur ce qui est nouveau** sans avoir l'impression de redécouvrir le thème abordé.
- La participation aux activités est essentielle pour apprendre, s'exercer et mémoriser. C'est à ces moments-là que vous **apprenez à faire les exercices évalués au baccalauréat**.

▶ **Exemple en géographie :** *vous avez des activités en classe qui vous entraînent à la réalisation des croquis.*

Conseil

La veille, il vous suffit de 5 minutes par matière pour vous remémorer l'essentiel : le plan de la leçon, le vocabulaire, les documents étudiés, les exercices réalisés...

ÉTAPE 2 Poser des questions

- Profitez des temps passés en classe pour **poser des questions** ; ne restez pas passif sans comprendre le cours.

▶ **Exemple :** *questions en rapport avec une propriété en sciences, une date en histoire...*

ÉTAPE 3 Répondre aux questions

- Les professeurs posent bien souvent des questions en classe pour vérifier si vous avez bien compris et apporter une aide supplémentaire si besoin. **Il ne s'agit pas de vous tester**.
- En répondant aux questions posées par les professeurs, vous pouvez vérifier si vous avez bien **compris** ce qui est travaillé. Certaines questions vous aident également à **raisonner**, organiser vos connaissances pour trouver des arguments.

S'ORGANISER AU QUOTIDIEN QUAND ON EST DYS

À quoi ça sert ?

L'arrivée au lycée peut être très stressante car elle s'accompagne d'une plus grande autonomie et d'un rythme de travail plus soutenu. Si vous êtes dys, vous avez l'habitude de travailler un peu différemment des autres. Il est important de vous organiser efficacement dès le début de l'année.

ÉTAPE 1 Gérer son emploi du temps et ses outils

- Choisissez un **agenda** avec une page par jour pour avoir suffisamment de place pour noter les devoirs. Commencez par barrer les jours de vacances et les jours fériés pour éviter les erreurs.
- Vous pouvez aussi utiliser l'**agenda électronique** de votre téléphone. La fonction rappel vous permettra alors de mieux gérer les devoirs qui nécessitent beaucoup de temps de travail.
- Pour vos affaires, choisissez **des cahiers** et attribuez **une couleur par matière** que vous retrouverez dans votre emploi du temps. Si vous avez de réelles difficultés d'organisation, rangez vos affaires dans une étagère avec des bacs de couleurs différentes.

Exemple : *bac bleu pour ranger le cahier bleu de mathématiques ainsi que le matériel utilisé dans cette matière (règle, compas, calculatrice...) ; bac rose pour le cahier rose d'histoire-géographie...*

ÉTAPE 2 S'organiser en classe – la prise de notes

- Que vous ayez un ordinateur ou un cahier, notez impérativement **les titres de chapitres** et des grandes **parties.** Cela représente la structure de votre cours que vous pourrez compléter par la suite, même en dehors des cours. Vous pouvez vous aider des manuels et des ressources en ligne : vidéos, cours en ligne...
- Si vous prenez des notes de manière linéaire, faites des phrases courtes ne dépassant pas deux lignes.
- Assistez au cours avec **toute l'attention possible**, vous pourrez ensuite faire chez vous des fiches de révision plus facilement, notamment à partir des titres du chapitre et des thèmes abordés. Vous pourrez utiliser alors des logiciels comme Dragon qui retranscrivent par écrit ce que vous dictez.

ÉTAPE 3 S'organiser à la maison – approfondir son travail

> **Conseils**
> • Prévoyez des séances courtes et répétées de travail.
> • Revoyez toujours vos notes de la leçon précédente avant d'aborder la leçon suivante.

- Le soir, **reprenez** vos notes et les **cours photocopiés** (des camarades ou des professeurs) et essayez de bien les comprendre. Avoir les cours photocopiés sans les retravailler ne vous sera pas très utile, notamment pour préparer vos évaluations.
- Utilisez toujours le même code couleur : titres et sous-titres, vocabulaire, citation… **Les couleurs vous permettent de trier et de repérer ce qu'il faut apprendre.**
- Encadrez les éléments à apprendre (vocabulaire, textes…) pour ne pas les confondre avec les exercices.
- Numérotez les lignes des textes.
- Réécrivez le vocabulaire en respectant un code : le mot à mémoriser en majuscules vertes par exemple et la définition en minuscules bleues.
- Organisez la leçon sous la forme d'une carte mentale.

→ *Voir La carte mentale, p. 101*

- Ménagez-vous **chaque soir** un temps de révision et de récapitulation du travail de la journée. En attendant le lendemain ou la fin de la semaine, vous risquez d'oublier de nombreux détails et de ne plus vous rappeler du contenu de vos leçons.
- **Notez** régulièrement sur un carnet **les informations à mémoriser** (des règles de grammaire, des formules, des dates, du vocabulaire…), vous pouvez y ajouter des **repères visuels.** Cette approche est plutôt efficace car elle fait appel aux diverses modalités d'apprentissage : voir, écouter, écrire, énoncer et faire.

ÉTAPE 4 Organiser son planning de révision

- Quand vous disposez d'une journée de repos en période de révision, pour un devoir commun par exemple, ou encore pendant les vacances, vous pouvez **organiser votre emploi du temps** en alternant moments de concentration et pauses :
  - faites la liste des leçons à réviser ;
  - travaillez 30 à 40 minutes (durée fixée par un minuteur) puis rayez les tâches qui ont été faites ;
  - accordez-vous ensuite une pause de 5 à 10 minutes ;
  - recommencez quatre fois et faites une pause de 30 minutes.
- **Établissez des priorités** sur ce qu'il faut réviser en fonction du travail à fournir : les priorités sont les leçons qui vous demandent **le plus de temps de révision.**

ÉTAPE 5 Faire un point régulier en période de révisions

- Faites apparaître dans un tableau ce que vous avez déjà révisé et ce qui vous reste à accomplir.
- Vous pouvez visualiser et prendre conscience de tout ce que vous avez déjà accompli et réussi.

Astuces

Vous pouvez utiliser des post-it de couleur que vous déplacerez en fonction de l'état d'avancement des révisions.

Devoir commun en mathé-matiques	Ce que j'ai déjà révisé	Ce que je dois faire	Comment le faire ? Quelle technique utiliser ?
Algèbre	– Développer, réduire et ordonner une expression algébrique – Factoriser une expression simple	– Résoudre une équation (se ramenant à une équation produit-nul) – Déterminer le signe d'un produit de deux expressions du premier degré – Démontrer une égalité « simple »	→ Voir partie « Réviser », p. 120 à 141
Configuration plane, repérage du plan	– Calculer les coordonnées du milieu d'un segment – Calculer la longueur d'un segment	– Justifier correctement la nature d'un quadrilatère ou d'un triangle	

POINT INFO ! Lutter contre l'oubli par la réactivation

Au quotidien, il est important de se poser **les questions suivantes** :

– Qu'est-ce que j'ai fait aujourd'hui ? Quels ont été mes cours ? Qu'est-ce que j'ai appris de nouveau ?

– Qu'est-ce qui m'a le plus intéressé aujourd'hui ?

En se posant ces questions, nous sommes amenés à réévoquer notre journée, les cours, et cela permet de combattre l'oubli. La réactivation permet de maintenir les informations mémorisées en cours.

MES NOTES

Apprendre à apprendre en seconde

APPRENDRE À ARGUMENTER

À quoi ça sert ?

Dans toutes les matières, les professeurs attendent à présent des réponses argumentées, c'est-à-dire développées. Il ne s'agit plus de donner simplement une réponse, il faut savoir défendre ses idées ou encore prouver un fait.

ÉTAPE 1 Développer des arguments

- Il est indispensable au lycée de **développer ses réponses en avançant des arguments**. Dans les matières scientifiques par exemple, un résultat juste peut être considéré comme incomplet s'il ne s'appuie pas sur une solide argumentation.
- Les arguments sont **les preuves, les raisons** données qui permettent de défendre les idées avancées. Ils peuvent provenir de documents à étudier, de vos cours, de vos connaissances personnelles.
- Les arguments sont le plus souvent **illustrés par des exemples** concrets qui rendent le propos plus compréhensible et efficace.
- Pour marquer les articulations entre vos arguments, utilisez des **connecteurs logiques** (*de plus, en outre, donc, aussi…*) ou temporels (*d'abord, ensuite, enfin…*).

> **Conseil**
> *Quelles que soient les matières, la démarche pour argumenter est toujours la même : exposer ses idées et développer des arguments, des preuves qui viennent la soutenir et illustrer d'exemples.*

ÉTAPE 2 Argumenter, mais pour quoi faire ?

a. Pour expliquer

Amener des **précisions** qui permettent d'éclairer un document, un fait. L'explication peut aussi servir à appuyer son **point de vue**.

▶ **Exemple en géographie**

Les sociétés sont de plus en plus exposées aux risques. → ***Idée principale***

> **Conseil**
> *Pour démontrer, utilisez des arguments vérifiables (provenant de sources scientifiques par exemple).*

L'action des humains aggrave leur vulnérabilité aux risques. → **Argument**

En déboisant, les humains favorisent le ruissellement des eaux de pluie et les risques de crue. → **Exemple**

b. Pour démontrer

Justifier un fait ou un point de vue. Il ne s'agit pas de défendre une opinion, mais de **prouver qu'une loi, un fait, une assertion a une valeur de vérité.** En mathématiques par exemple, il s'agit d'aboutir à une conclusion incontestable en rédigeant les étapes de sa démarche, en justifiant, en s'appuyant sur des propriétés déjà établies. Des exemples ou une simple observation ne suffisent pas à prouver un résultat ; seule une démonstration rigoureuse le permettra.

▶ ***Exemple en géométrie :***
ACBD est un parallélogramme.
Démontrer que les points A, B, C sont alignés.

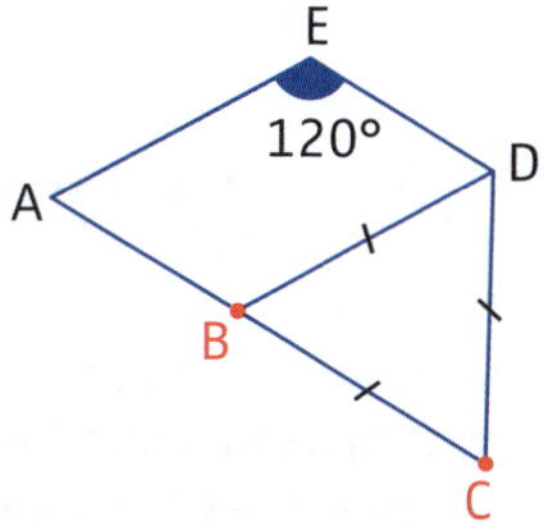

▶ ***Exemple en histoire :*** *Montrer qu'il y a une forte croissance de la population mondiale au cours du XIXe siècle à partir d'un tableau.*

c. Pour réfuter une thèse

Critiquer une thèse et s'y opposer en utilisant des arguments. Cela permet de mieux affirmer son opinion et de convaincre.

▶ ***Exemples de connecteurs pour réfuter une thèse :*** *cependant, mais, toutefois, néanmoins, pourtant, par contre, au contraire, en revanche.*

d. Pour délibérer

Analyser le pour et le contre avant de trancher. On réfléchit en examinant les différents aspects du thème ou du problème, l'opinion se construit à partir de la synthèse des arguments étudiés.

▶ ***Exemple en SVT :*** *« Faut-il avoir recours aux OGM ? »*
Argument pour : l'utilisation d'OGM permet d'augmenter les rendements et de limiter l'apport de pesticide sur les plantes.
Argument contre : en modifiant le patrimoine génétique des espèces, il y a un risque de transmission des gènes modifiés dans l'environnement.

APPRENDRE À SYNTHÉTISER

À quoi ça sert ?

Apprendre à synthétiser est une compétence transversale dont vous aurez besoin dans toutes les matières, et plus tard dans votre vie professionnelle. Synthétiser favorise la compréhension et la mémorisation car cela nécessite de faire des liens et d'organiser les connaissances qui sont alors plus faciles à mobiliser.

ÉTAPE 1 Trier les informations

- Ne confondez pas « résumer » et « synthétiser ». Lorsque vous faites un **résumé**, vous **réduisez le nombre d'informations** alors que faire une **synthèse** nécessite de **choisir les éléments essentiels** à la compréhension d'un sujet.
- Sélectionnez les idées générales, les **mots-clés** en fonction du thème et ne focalisez pas sur les détails.

Conseil

N'écrivez jamais quelque chose que vous ne comprenez pas dans votre synthèse.

ÉTAPE 2 Organiser les informations

- Reformulez les **idées pertinentes** de manière **structurée** et organisez ensuite la synthèse en fonction de votre **objectif** : informer, orienter des choix, mémoriser des connaissances, rendre compte d'une lecture…
- Vous pouvez **regrouper les informations** pour faire des ensembles, catégoriser ou encore comparer les éléments pertinents. Certaines organisations reviennent souvent :
  – Avantages / Inconvénients ;
  – Faits / Opinions ;
  – Quand ? / Où ? / Qui ? / Pourquoi ? / Comment ?

Conseil

Faites des phrases simples et claires pour être le plus concis possible.

ÉTAPE 3 Valoriser les informations

- **Ne dépassez pas une page** car votre synthèse doit donner une vue d'ensemble rapide et **aérez votre présentation.**

Zoom sur la synthèse de documents

- Au lycée puis dans le supérieur, vous avez souvent des synthèses à rédiger à partir de corpus documentaires. Dans ce cadre de travail, vous devez **rendre compte de façon neutre et organisée de plusieurs documents (textes, documents iconographiques…).**
- Prenez d'abord le temps de lire le sujet de votre dossier pour bien cerner les attendus : Que dois-je montrer ? Quel est le destinataire de la synthèse ?
- Puis prenez connaissance des documents en notant les idées au fur et à mesure dans un tableau.

Exemple en géographie : *synthèse de documents sur l'Arctique (thème 1 : Sociétés et environnements : des équilibres fragiles)*

Présentation du document : nature, date, auteur	De quoi parle le document ?	De quoi parle le document ?
Document 1 Carte…	X	X
Document 2 Témoignage…		X
Document 3 Photographie…	X	
Document 4 Tableau…		X
Thème dégagé après l'analyse des documents	→ un espace fragile	→ un espace attractif

- Si vous devez présenter votre synthèse de documents à l'écrit :

– **rédigez d'abord une introduction :** le thème des documents et les documents eux-mêmes (nature, date, auteur). Vous pouvez regrouper la présentation des documents par thème, points de vue… vous n'êtes pas obligé de suivre l'ordre du corpus. Puis indiquez le plan de votre synthèse ;

– **rédigez ensuite le développement** qui s'appuie sur les thèmes dégagés dans le tableau. Veillez à bien utiliser tous les documents ;

– terminez par une **conclusion** qui dresse un bilan.

APPRENDRE À ANALYSER UN DOCUMENT

À quoi ça sert ?

Au lycée, les dossiers documentaires sont souvent plus denses avec des documents plus complexes, quelles que soient les matières. Il faut donc apprendre à analyser les documents efficacement et rapidement car cette compétence est au cœur des pratiques de classe et des évaluations.

ÉTAPE 1 Comprendre le sens général du document

- Après avoir pris connaissance du document, il faut lui **donner du sens**. Par exemple, un texte déchiffré ne signifie pas qu'il est compris. Vous pouvez faire une synthèse du document avec vos propres mots, associer des gestes ou des images à votre lecture…
- L'essentiel est d'être capable de répondre rapidement aux questions suivantes : **De quoi parle le document ? Que nous apprend-il par rapport au sujet ?**

Conseil

Pour effectuer une lecture plus efficace, soulignez ou entourez sur le document tout ce qui vous paraît intéressant.

ÉTAPE 2 Identifier le document et son point de vue

- En identifiant le document, vous vous interrogez sur sa **nature**, son **auteur** et sa **source** ainsi que son **destinataire**.
- Cela vous permet de voir si le document cherche à convaincre, dénoncer, sensibiliser…

Exemple

En histoire, les documents ayant comme source la mythologie relèvent du récit et donnent des informations sur les croyances du passé et pas sur des événements. De même, un document de propagande (affiche, film…) nous renseigne systématiquement sur l'idéologie d'un État.

ÉTAPE 3 Extraire des informations pertinentes

- Il s'agit ici de **sélectionner** les bonnes informations, **en fonction des questions posées** ou du thème étudié. Faites attention à **ne pas répéter** ce qu'il y a dans les documents, ce serait de la paraphrase. Vous pouvez **relever** des passages d'un document **en mettant des guillemets** ou en le signalant.

  ▶ **Exemple :** *D'après/selon l'auteur « ... ».*

- Lorsqu'une question porte sur plusieurs documents, il est important de mettre en valeur leurs **points communs** et leurs **différences**.

Conseil

Partez toujours du document pour l'expliquer en apportant des connaissances complémentaires. Il est très rare de n'avoir recours qu'à ses connaissances.

ÉTAPE 4 Mettre en relation

- Il faut enfin **confronter les informations relevées** à ses connaissances **ou à d'autres documents** afin de bien interpréter et expliquer le document.

  ▶ **Exemples**

  – *En histoire, présenter le contexte historique d'un témoignage.*

  – *En sciences, présenter les conditions dans lesquelles s'est déroulée une expérience.*

  – *En SES, présenter des personnes citées dans un texte pour voir si leur point de vue est représentatif.*

ÉTAPE 5 Connaître le langage spécifique

En classe, vous étudiez des documents variés. Certains ont un langage spécifique qu'il faut connaître pour apprendre à les analyser de manière pertinente.

a. Analyser des documents iconographiques

- Comme un texte, les images fournissent des informations qu'il faut savoir analyser.
- Lisez la **légende** en premier pour connaître l'auteur, la date de création, la source, cela donne une première indication sur la fonction de l'image : convaincre, promouvoir, informer, dénoncer...

- **Décrivez** ensuite ce que vous voyez en analysant la composition de l'image :

  – les grandes lignes (axe de symétrie, point de fuite…) ;

  – les plans : premier plan, deuxième plan, arrière-plan…

  – les couleurs : Quelles sont les couleurs dominantes ? À quoi font-elles penser ?

  – le cadrage : gros plan, vue d'ensemble…
- Terminez votre analyse **en mettant en contexte**, c'est-à-dire en croisant le document avec ce que vous savez déjà sur le sujet ou avec d'autres documents. Cela vous permet de mieux interpréter le document ou bien encore de le critiquer.

▶ Exemple en SES – Analyser une affiche

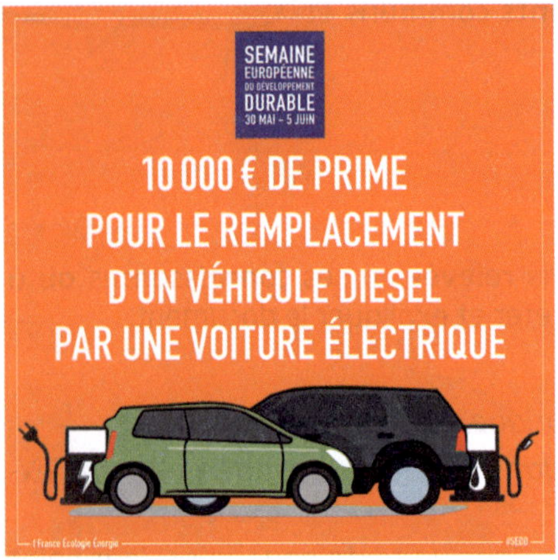

Comprendre le sens général

→ *De quoi parle le document ?*

Des voitures électriques

Identifier le document et son point de vue

→ *Lire la légende*

Source officielle, document produit dans le cadre de la Semaine du développement durable. Cette affiche a donc pour objectif de favoriser le développement durable.

Extraire des informations

→ *Décrire ce que l'on voit*

Prime de 10 000 euros pour remplacer un véhicule diesel par un véhicule électrique / texte grand format ressort sur un fond orange / voiture électrique au premier plan, au second plan une voiture diesel.

Expliquer et confronter les informations relevées à ses connaissances

→ Il s'agit d'une affiche montrant les mesures incitatives prises par les pouvoirs publics pour développer les voitures électriques. Dans le domaine de l'environnement, les pouvoirs publics imposent aussi des textes sur certains produits pour inciter les personnes à modifier leur comportement.

b. Analyser des documents statistiques

Les tableaux de chiffres et les graphiques nécessitent une approche rigoureuse.

Exemple en géographie

Les ressources en eau en Espagne	1998-2002	2003-2007	2008-2014
Volume moyen de précipitations (milliards de m^3/an)	321,4	321,4	321,6
Ressources en eau renouvelables totales (milliards de m^3/an)	111,5	111,5	111,5
Ressources en eau renouvelables totales par habitant (m^3/hab./an)	2 696	2 500	2 400
Prélèvement d'eau pour l'agriculture (milliards de m^3/an)	23,04	20,14	19,64

Source : FAO, Aquastat, 2015

1. Lire le titre car il présente le thème abordé.
2. Repérer les indicateurs et leur mesure. Les indicateurs sont les informations mesurées dans le document.
3. Regarder la date et source. Un document statistique peut vite être « périmé » si les données sont trop anciennes.

- L'analyse du document ne consiste pas à commenter l'ensemble des données mais à **mettre en évidence les principales évolutions** : augmentation, diminution, stagnation.
- Les données des documents statistiques permettent de décrire des phénomènes, vous pouvez enrichir l'analyse en présentant les **explications de ces phénomènes**.

Conseil

Identifiez si les informations sont données en valeur absolue (par exemple le nombre de touristes dans le monde) ou en valeurs relatives (par exemple le nombre de touristes par km²).

c. Analyser des documents cartographiques

- Pour analyser une carte, un croquis ou un schéma, il faut d'abord repérer son **titre** pour savoir de quoi parle le document, ainsi que l'échelle et l'espace représenté. Ensuite, la **légende** permet de comprendre les informations cartographiées.
- Veillez à utiliser un **vocabulaire spécifique** pour décrire ce qui est représenté et comprendre l'organisation de l'espace cartographié. *Exemple : « Au sud de... » et non en bas !*

Conseil

Pour décrire les phénomènes représentés, partez toujours du général pour ensuite entrer dans le détail.

APPRENDRE À COMPRENDRE LES CONSIGNES

À quoi ça sert ?

Lire et comprendre des consignes sont essentiels pour tout apprentissage et d'une manière générale dans la vie quotidienne. Une consigne est un texte qui dit ce qu'il faut faire ou ne pas faire, elle induit donc une action. Sans comprendre les consignes, il est difficile de répondre exactement à ce qui est demandé dans les activités scolaires et les examens.

ÉTAPE 1 Lire la consigne

- La consigne peut être orale, mais le plus souvent, elle vous est donnée par écrit.
- Prenez donc le **temps de la lire** avant de débuter votre activité, vous éviterez ainsi le hors-sujet ou du travail inutile. Il est indispensable de vous représenter le travail à réaliser avant de foncer dans la réalisation.
- Ce temps de lecture est vraiment important, notamment pour les consignes ouvertes qui vous guident très peu dans la réalisation du travail à effectuer.

ÉTAPE 2 Identifier les mots-clés

- Identifiez d'abord le ou les **verbes** dans votre consigne. Vous pouvez les souligner pour bien mettre en avant ce qu'il faut faire.
- Identifiez ensuite les **mots-outils** = « après – puis – ou – à l'aide de... ».

Ces mots-outils précisent les limites du sujet et peuvent donner les différentes étapes à réaliser dans votre travail. Vous pouvez les surligner.

– « Après... puis » : implique de faire attention à ce qui doit être fait en premier.

– « Et » exprime une addition : il y a deux choses à faire.

– « Ou » exprime un choix entre plusieurs possibilités.

ÉTAPE 3 Reformuler

- Pour être sûr de bien vous approprier la consigne, **reformulez-la** avec vos propres mots de manière claire et compréhensible. Vous devez alors comprendre tous les mots de la consigne reformulée.

Exemple en histoire

→ Identification du verbe de la consigne

« À l'aide de ces documents, montrez en quoi les métèques sont intégrés et utiles à la cité d'Athènes. »

« Montrer » est le principal verbe de la consigne. « Montrer » signifie mettre en évidence et expliquer. Il s'agit d'expliquer ici que les métèques sont intégrés à la cité d'Athènes et y jouent un rôle important.

> **Conseil**
> *Reformulez dans votre tête les consignes sans les avoir sous les yeux pour être bien sûr d'avoir compris ce qu'il fallait faire.*

→ Identification des mots-outils

« À l'aide de » sont les mots-outils de la consigne qui vous précisent où chercher les informations. Les documents proposés doivent vous permettre d'expliquer l'intégration des métèques et leur rôle à Athènes. Vous n'avez pas besoin de vous appuyer sur des connaissances extérieures aux documents.

→ Reformulation

« À l'aide des documents, je dois expliquer que les métèques ont toute leur place dans la cité d'Athènes, ils ne sont pas rejetés et jouent un rôle important. »

Memento

Analyser : décrire une situation, un phénomène... puis l'expliquer.

Citer, relever : recopier des éléments d'un texte entre guillemets. Si vous citez un passage d'un texte, précisez le numéro de la ligne entre parenthèses.

Commenter : faire des remarques, des observations, pour expliquer un texte, un fait.

Comparer : confronter des documents, des auteurs... pour faire ressortir les différences et les ressemblances.

Identifier : repérer, retrouver des informations que l'on présente à l'écrit.

Interpréter : donner une signification à un résultat obtenu, rendre compréhensible un propos...

Réfuter : rejeter un raisonnement ou un argument en prouvant sa fausseté.

APPRENDRE À DÉVELOPPER SES COMPÉTENCES À L'ORAL

À quoi ça sert ?

Savoir s'exprimer à l'oral est essentiel dans la vie quotidienne mais aussi en classe lors des exposés et des examens. Prendre la parole lors d'une épreuve orale nécessite une bonne maîtrise du fond, mais aussi un effort de la voix, des mains, de la posture, de la démarche… Il faut donc se préparer et s'entraîner.

ÉTAPE 1 Organiser ses notes

- Vous devez **bien connaître votre sujet** car vos notes ne sont qu'un pense-bête lors de votre présentation orale. Vous savez **expliquer les mots-clés** de votre sujet.
- Vous pouvez également **prévoir des illustrations, des anecdotes ou des citations** pour rendre votre présentation plus dynamique.
- Faites ressortir sur vos notes le **plan de votre oral**, les grandes idées ainsi que les mots-clés, les dates, les chiffres et le vocabulaire spécifique.
- N'hésitez cependant pas à **rédiger votre introduction**, cela pourra vous rassurer pour débuter votre oral.
- Écrivez relativement gros et **lisiblement**, uniquement sur le recto des feuilles. Soulignez les titres du plan pour les repérer rapidement, et enfin, numérotez les pages.

Conseil

Sur votre feuille, indiquez par un signe les documents à montrer (photographie, carte, tableau…).

ÉTAPE 2 S'entraîner

- **Entraînez-vous** chez vous ou au lycée en vous **chronométrant** pour bien respecter le temps imparti.
- Passez des oraux devant vos amis ou votre famille pour vous aider à travailler la diction, votre posture et la clarté des propos. L'idéal est de **passer devant une personne qui ne connaît pas du tout votre sujet**, celle-ci pourra ainsi porter un regard objectif sur votre capacité à expliquer, développer un thème. Elle vous posera des questions pour mieux comprendre votre propos.

Conseil

Filmez-vous pendant votre oral et analysez la vidéo pour identifier vos tics de langage et travailler sur votre posture.

ÉTAPE 3 Présenter son oral

- Pensez à bien **respirer juste avant votre oral**, c'est essentiel dans la maîtrise de ses émotions. Si vous ne respirez pas bien, le corps devient tendu et au final vous risquez de perdre vos idées. Si vous respirez bien avec le ventre, cela fait redescendre la pression et vous permet de retrouver votre calme et poser la voix. Cela évite de partir dans les aigus.

Exercice de respiration à faire avant l'oral

– Adossé au mur (ou pas !), bouche fermée, main sur le ventre, inspirez par le nez et gonflez le ventre progressivement.

– Expirez par la bouche ; le ventre se vide et redevient plat.

– Bouche fermée, restez les poumons vides pendant quelques secondes.

– Recommencez le procédé jusqu'à ce que les émotions soient retombées.

- **Pendant votre oral, ancrez votre corps dans le sol.** Essayez de bien sentir le poids de votre corps peser dans le sol, cela permet de dégager une impression d'assurance et d'avoir une voix plus grave.
- Vous devez avoir les pieds alignés avec les épaules et le dos droit pour former une colonne d'air où l'oxygène circule aisément entre la bouche, le nez, les poumons et le ventre.
- **Ne parlez pas trop vite et essayez de vous dégager de vos notes** en regardant les membres de votre jury. Expliquez des documents projetés au tableau, cela rendra votre exposé plus vivant.

APPRENDRE À PRÉSENTER SON TRAVAIL

À quoi ça sert ?

Présenter clairement et proprement son travail est utile pour vous car cela permet de mieux vous repérer dans vos productions. Vous pouvez ainsi retrouver d'un seul coup d'œil les différentes parties d'une rédaction ou d'un exercice. Votre professeur retrouvera également plus facilement votre raisonnement et vos idées, et ne sera pas rebuté par la lecture de votre copie.

ÉTAPE 1 Respecter les consignes de présentation

- Les enseignants peuvent avoir des **exigences** particulières pour la présentation des copies. Respectez-les pour ne pas perdre de points inutilement !
  - **Exemples :** documents collés sur la copie, agrafés ou juste maintenus pas un trombone, largeur des marges pour la correction...
- Dans le cas où aucune consigne ne vous est donnée, présentez vos copies de **manière classique** :

  – nom, prénom, date, matière sur la première copie puis rappel de vos nom et prénom sur les copies suivantes ;
  – pages numérotées (1/4, 2/4...) ;
  – espace pour les appréciations avant le début du premier exercice ;
  – intitulé des exercices soulignés ;
  – saut de ligne entre chaque exercice.

ÉTAPE 2 Être rigoureux dans la rédaction

- Soyez **précis** dans vos propos lorsque vous développez vos écrits. Indiquez par exemple le nom de la formule ou du théorème utilisé en mathématiques ; ne multipliez pas les « on a dit ».
- Nommez les **auteurs** auxquels vous vous référez et n'oubliez pas que l'on ne cite par leur nom seul que les personnes mortes.

Pour aller plus loin

Reliez chaque nom à son COD ou ses adjectifs pour éviter les fautes d'accord.

▶ **Exemples** : *Vous pouvez mentionner De Gaulle dans vos copies, inutile d'écrire M. de Gaulle. En revanche, vous écrirez M. Trump ou encore Donald Trump car celui-ci est encore en vie.*

ÉTAPE 3 Relire ses productions

- Cette étape de relecture ne doit pas être minimisée dans la gestion de votre temps pendant une évaluation. Prévoyez **au minimum 5 minutes** de relecture voire 10 minutes pour les devoirs qui durent 2 heures.
- Cette dernière étape permet de corriger les coquilles du type « Les citoyens athéniens... » Les erreurs d'étourderie les plus fréquentes concernent les oublis d'accents et les accords.

Memento

Ce qu'il faut faire	Ce qu'il faut éviter...
Utiliser une copie double.	Utiliser deux feuilles simples.
Rayer proprement ses erreurs (Utiliser sa règle).	Utiliser trop de blanc, notamment le liquide.
Tirer les traits à la règle.	Utiliser un crayon en guise de règle, tirer les traits à la main.
Écrire avec une couleur foncée qui se voit bien sur le papier.	Éviter les encres claires et les couleurs très marquées (rose, violet, turquoise...).
Découper les documents aux ciseaux.	« Découper » les documents à l'aide d'une règle.
Coller proprement vos documents, avec de la colle.	Scotcher les documents dans la copie, rendre les documents « volants » (non collés).

Soyez vigilant quant à la présentation de votre travail, les professeurs peuvent être influencés par le soin, l'écriture, l'orthographe positivement... ou négativement. C'est ce que les scientifiques appellent « l'effet halo ».

APPRENDRE À S'INFORMER DANS LE MONDE DU NUMÉRIQUE

À quoi ça sert ?

Aujourd'hui, Internet représente la première source d'informations, que ce soit pour entretenir des relations, s'informer sur l'actualité ou avoir accès à des connaissances spécifiques. Il est donc important d'acquérir une démarche efficace pour s'informer car toutes les informations ne sont pas fiables.

ÉTAPE 1 Utiliser un moteur de recherche

- Un moteur de recherche permet de faire une recherche sur Internet à partir de **mots-clés**. Les mots-clés sont des mots significatifs pour une recherche.

Exemples

Géographie : Les enjeux du vieillissement au Japon

→ *Mots-clés : Vieillissement / Japon*

- Les moteurs de recherche les plus populaires sont Google, Yahoo, Qwant, Ecosia...

Pour aller plus loin

Si vous tapez dans le moteur de recherche « Les enjeux du vieillissement au Japon » vous n'aurez que les références qui contiennent tous les mots.

ÉTAPE 2 Connaître différents types de sites

- Une fois votre recherche lancée, vous avez à votre disposition toute une liste de sites :

– **des dictionnaires et encyclopédies** en ligne, beaucoup sont gratuits : Larousse, Wikipedia...

– **des sites officiels et institutionnels**, certains reconnaissables par leur adresse qui se terminent par .gouv ou .org ; d'autres par leur provenance (ac-rennes, ac-bordeaux) ;

– **des sites de médias** (journaux, radio, télévision...) ;

– **des sites spécifiques** comme *Géoportail* (cartes), *L'histoire par l'image* ou encore des sites de musées ;

– **des réseaux sociaux** : Facebook, Twitter, Pinterest...

ÉTAPE 3 Choisir les informations et vérifier leur fiabilité

- Faites une **première sélection** en enregistrant les adresses des sites dans vos favoris ou marque-pages. Vous pourrez ainsi facilement les retrouver.
- Évaluez ensuite la **fiabilité** des sites sur lesquels vous avez repéré des informations.

  – Trouvez la rubrique « Mentions légales » ou « Qui sommes-nous ? » pour savoir qui est le responsable du site et si on peut le contacter (sur Wikipedia vérifiez les informations sur les rédacteurs de l'article).

  – Est-ce un organisme reconnu ? Un particulier ? Un spécialiste du sujet ? Le site a-t-il des objectifs commerciaux, politiques, scientifiques ?

  – Vérifiez la **date** du document et si l'auteur indique la **source** de sa documentation.
- Vérifiez rapidement que le site correspond bien à vos recherches :

  – Le titre de la page correspond-il au sujet de votre recherche ?

  – L'article propose-t-il des renvois vers d'autres sites ?

ÉTAPE 4 Mettre en relation et varier les types d'informations

- Pensez à faire une recherche d'**images et de vidéos** sur votre sujet.
- Utilisez également **d'autres ressources plus traditionnelles** : livres, revues et journaux. Faites une recherche au CDI, vous y trouverez de nombreux documents et un professeur-documentaliste qui pourra vous orienter vers des ressources adaptées à vos recherches.

Memento

→ Utilisez **plusieurs mots-clés** pour affiner les résultats de vos recherches.

→ Vérifiez une information trouvée en ligne en **consultant plusieurs sources**. Croisez par exemple l'information en consultant des sites fiables (site d'un musée, d'un spécialiste, d'un média reconnu comme *Le Monde*...)

→ Utilisez des sites comme le *Decodex* pour vérifier la **fiabilité de l'information**. Cet outil vise à lutter contre la diffusion de fausses informations.

APPRENDRE À RÉALISER UNE DISSERTATION EN FRANÇAIS

À quoi ça sert ?

La dissertation reprend de façon plus développée et sur une problématique littéraire le sujet de réflexion du brevet. On évalue des compétences et des connaissances. Il faut être capable de sélectionner et organiser ses connaissances pour répondre à un sujet.

ÉTAPE 1 Lecture et analyse du sujet

- **Lisez** attentivement le sujet. Repérez les **mots-clés** et prenez le temps de les définir, de voir comment ils s'articulent les uns avec les autres.
- Développez les **implicites** contenus dans le sujet. Plus l'analyse du sujet est précise, plus votre **problématique** sera intéressante.

Conseil

La problématique est le problème posé par le sujet. C'est à vous de la dégager !

▶ **Exemple de sujet**

*Écrire une **autobiographie**, est-ce **seulement** faire son **autoportrait** ? Vous répondrez à cette question en prenant appui sur le corpus proposé, sur les œuvres que vous avez étudiées au cours de l'année et sur vos lectures personnelles.*

ÉTAPE 2 Dégager une problématique

- Elle synthétise le **problème posé par le sujet**. C'est elle qui va guider votre travail d'argumentation.

▶ **Exemple de problématique**

Peut-on réduire l'écriture d'une autobiographie à l'écriture d'un autoportrait ?

Conseil

Formulez la problématique sous forme de question. Votre dissertation doit y répondre.

ÉTAPE 3 Recherche d'exemples et organisation du plan

- Rassemblez vos **connaissances** en lien avec le sujet et la problématique. Allez chercher dans les œuvres étudiées en classe, dans vos lectures personnelles...
- **Organisez vos exemples** autour de deux ou trois grandes idées qui deviendront les parties de votre dissertation.
- **Au brouillon**, il ne faut pas tout rédiger. Contentez-vous d'un **plan détaillé**, mais pensez à faire apparaître les liens logiques qui vont marquer la structure de votre raisonnement.

Conseil

Attention à ne pas faire un catalogue d'exemples. Les exemples sont au service d'un raisonnement personnel et doivent être analysés.

ÉTAPE 4 Rédaction de l'introduction et de la conclusion

- Ce sont deux moments clés de votre devoir. Il est important de les soigner.
- **L'introduction :** accrochez le lecteur avec une amorce en lien avec le sujet ; présentez le sujet et votre problématique ; annoncez le plan.
- **La conclusion :** faites le bilan de votre argumentation ; répondez à votre problématique ; ouvrez la réflexion.

ÉTAPE 5 Rédaction de l'ensemble de la dissertation

- **Chaque partie commence par une phrase d'introduction** présentant l'idée générale qui sera développée.
- **Chaque sous-partie** (2 à 4) s'organise autour d'un **argument** étayé par un ou plusieurs **exemples** précis et analysés. Pensez à bien faire le lien entre vos exemples et votre argument, entre vos arguments et l'idée principale de votre partie.
- La partie se termine par une **phrase de bilan** et **l'annonce de la partie suivante**.

Conseil

Attention à la présentation !
Pensez :
– à marquer les paragraphes (alinéa et passage à la ligne) ;
– à passer des lignes entre l'introduction et la 1re partie, entre les parties de la dissertation, entre la dernière partie et la conclusion.

À vous de jouer !

Français → *corrigé p. 145*

Proposez un plan pour le sujet cité en exemple ci-dessus.

APPRENDRE À RÉALISER UN COMMENTAIRE EN FRANÇAIS

À quoi ça sert ?

C'est une lecture du texte qui cherche à montrer votre compréhension du texte et de ses implicites, ainsi que vos capacités d'analyse. C'est aussi un travail d'argumentation.

ÉTAPE 1 Lecture et analyse du texte

- **Lisez** attentivement le texte proposé et **notez vos premières impressions**.
- Regardez bien les indications du **paratexte** : œuvre, auteur, date, chapeau introductif s'il y en a... Soyez attentifs au genre, et à l'objet d'étude auquel il se rattache ; à ce que dit le texte et à la manière dont il le dit.
- Intéressez-vous aux **procédés d'écriture**. Soyez attentifs aux spécificités liées au genre du texte.
- Appuyez-vous sur votre **ressenti de lecteur** pour construire vos hypothèses de lecture. Demandez-vous comment ce texte a pu produire sur vous tel ou tel effet. Comment il vous conduit à aimer ou détester un personnage ?

ÉTAPE 2 Dégager une problématique

- Elle propose un **projet de lecture**. C'est la question à laquelle votre commentaire doit répondre.

▶ **Exemple de problématique (cf. texte p. 90)**

En quoi ce texte est-il à la fois un récit des origines et une réflexion sur les difficultés du genre autobiographique ?

ÉTAPE 3 Recherche d'exemples et organisation du plan

- Votre commentaire doit s'organiser autour de **deux ou trois grandes idées**. Les exemples sont **des citations du texte** analysées à l'aide des outils d'analyse littéraire travaillés pendant vos cours et commentées.

▶ **Exemple de plan (cf. texte p. 90)**

Conseil

Votre plan ne doit pas :
– suivre l'ordre du texte ;
– séparer le fond de la forme ;
– répéter ce que dit le texte, être une paraphrase.

I. Récit des origines de l'auteur
– Organisation chronologique
– Récit centré sur le « je »
– Récit des origines inscrit dans une filiation

II. Support et faiblesses de l'autobiographie
– Des données objectives
– Des données subjectives
– Faiblesses des souvenirs

ÉTAPE 4 Rédaction de l'introduction et de la conclusion

- Ce sont deux moments clés de votre devoir. Il est important de les soigner.
- **L'introduction :**

  – présentez le contexte général du texte (genre, auteur, mouvement littéraire, thématique...) ;

  – présentez l'extrait (début d'un roman, dénouement d'une pièce de théâtre, scène de rencontre, de conflit...) ;

  – annoncez la problématique ;

  – annoncez le plan.
- **La conclusion :**

  – faites le bilan de votre argumentation ;

  – répondez à votre problématique ;

  – ouvrez la réflexion.

ÉTAPE 5 Rédaction de l'ensemble du commentaire

- Chaque **partie** commence par une **phrase d'introduction** présentant l'idée générale qui sera développée.
- Chaque sous-partie (2 à 4) s'organise autour d'**un argument** étayé par **un ou plusieurs exemples** précis et analysés. Pensez à bien faire le lien entre vos exemples et votre argument, entre vos arguments et l'idée principale de votre partie.
- La partie se termine par une **phrase de bilan** et l'**annonce de la partie suivante**.

À vous de jouer !

Français → *corrigé p. 145*

À partir du plan proposé p. 89, rédigez la première partie du commentaire de ce texte.

Je suis née à quatre heures du matin, le 9 janvier 1908, dans une chambre aux meubles laqués de blanc, qui donnait sur le boulevard Raspail. Sur les photos de famille prises l'été suivant, on voit de jeunes dames en robe longues, aux chapeaux empanachés de plumes d'autruche, des messieurs coiffés de canotiers et de panamas qui sourient à un bébé : ce sont mes parents, mon grand-père, des oncles, des tantes, et c'est moi. Mon père avait trente ans, ma mère vingt et un, et j'étais leur premier enfant. Je tourne une page de l'album ; maman tient dans ses bras un bébé qui n'est pas moi ; je porte une jupe plissée, un béret, j'ai deux ans et demi, et ma sœur vient de naître. J'en fus, paraît-il, jalouse, mais pendant peu de temps. Aussi loin que je me souvienne, j'étais fière d'être l'aînée : la première. Déguisée en chaperon rouge, portant dans mon panier galette et pot de beurre, je me sentais plus intéressante qu'un nourrisson cloué dans son berceau. J'avais une petite sœur : ce poupon ne m'avait pas.

De mes premières années, je ne retrouve guère qu'une impression confuse : quelque chose de rouge, et de noir, et de chaud. L'appartement était rouge, rouges la moquette, la salle à manger Henri II, la soie gaufrée qui masquait les portes vitrées, et dans le cabinet de papa les rideaux de velours ; les meubles de cet antre sacré étaient en poirier noirci ; je me blottissais dans la niche creusée sous le bureau, je m'enroulais dans les ténèbres ; il faisait sombre, il faisait chaud et le rouge de la moquette criait dans mes yeux. Ainsi se passa ma toute petite enfance. Je regardais, je palpais, j'apprenais le monde, à l'abri.

Simone de Beauvoir, *Mémoires d'une jeune fille rangée*, Gallimard, 1958.

APPRENDRE À RÉALISER UNE COMPOSITION

À quoi ça sert ?

La composition en histoire-géographie fait appel aux mêmes capacités que le développement construit en 3e mais de façon plus développée. Pour cela, il ne faut pas réciter son cours mais sélectionner et organiser ses connaissances pour répondre à un sujet.

ÉTAPE 1 Analyser les termes du sujet

- Cette étape est essentielle pour **comprendre le sujet** : définir les termes, dégager les bornes chronologiques, déterminer les limites spatiales.

Exemple de sujet

Les grands pôles du tourisme mondial

→ *Définir « **tourisme** », **cerner ce que sont les grands pôles** : les espaces touristiques les plus attractifs*

→ *Délimiter l'espace : le monde*

ÉTAPE 2 Dégager une problématique

- Une problématique est une **question** que l'on se pose à partir du sujet et qui sert de **fil directeur pour le plan**.

Exemples de problématiques

– *Quels sont les principaux acteurs du tourisme mondial ?*

– *Les grands pôles du tourisme sont-ils représentatifs des inégalités mondiales et de leurs évolutions ?*

– *Pourquoi le tourisme mondial s'est-il développé ?*

- Parfois, le sujet est déjà fourni sous forme problématisée.

ÉTAPE 3 Mobiliser ses connaissances

- Vous pouvez lister sur un brouillon vos **connaissances** à partir de questions simples : Qui ? Quoi ? Où ? Pourquoi ? Comment ? Quelles conséquences ?

Exemples de questions

Où sont les principaux pôles touristiques ? Quelle est la place des pays développés dans le tourisme ? Et celle des pays en développement ? Qui se déplace ?

> **Conseil**
> *N'oubliez pas de mobiliser du vocabulaire spécifique et des exemples précis.*

ÉTAPE 4 Élaborer un plan

- Les idées sont organisées dans un **plan** qui comporte en général deux à trois parties qui doivent être équilibrées.
- En **histoire**, on peut choisir un plan **chronologique,** parfois un **plan thématique** (pour étudier plusieurs aspects différents dans une même période).

Exemples de plans

L'esclavage avant et après la conquête des Amériques (plan chronologique).

Une amélioration progressive de la condition des paysans au XVIII*e siècle (plan thématique).*

- En géographie, le **plan thématique** est valable, mais on choisit souvent le **plan géographique** (constat, causes, limites ou évolutions).

ÉTAPE 5 Rédiger l'introduction et la conclusion

- **L'introduction** fait une dizaine de lignes ; elle présente le **sujet** (espace, période, notions, mots-clés), puis pose la **problématique** dégagée sur le sujet, enfin, elle présente le **plan** qui sera suivi.
- **La conclusion** résume en quelques lignes votre réponse au sujet problématisé. Vous pouvez aussi « ouvrir » votre conclusion (sur la période qui suit en histoire, sur les évolutions possibles en géographie).

> **Conseil**
> *Rédigez introduction et conclusion avant de vous lancer dans le développement.*

À vous de jouer !

Géographie → *corrigé p. 146*

Parmi les problématiques proposées à l'étape 2, choisissez celle qui convient le mieux au sujet proposé à l'étape 1 et expliquez pourquoi.

APPRENDRE À RÉALISER UN CROQUIS EN GÉOGRAPHIE

À quoi ça sert ?

Les croquis permettent de mettre en évidence l'organisation d'un espace et ses dynamiques.

ÉTAPE 1 Construire un croquis de paysage

- **Localisez** le paysage dans l'espace, c'est-à-dire répondez à la question « Où ? »
- **Analysez la photographie** en identifiant et décrivant les différents plans du paysage.
- Construisez votre croquis en délimitant les différents **plans de l'espace** à représenter.
- Choisissez ensuite les **figurés** pour chaque information représentée.
- Classez les informations dans une **légende** et donnez un **titre**.

Conseil

La légende est toujours à côté ou en dessous du croquis, jamais au dos !

ÉTAPE 2 Construire un croquis à partir d'un texte

- Il s'agit ici de passer d'un langage à un autre : passer d'un texte à un croquis. Après avoir identifié la **source**, lisez le texte pour en comprendre le **sens général**.
- Listez ensuite **les éléments pouvant être cartographiés** puis organisez-les dans une **légende** à côté de votre croquis.
- Donnez un **titre** à votre croquis, vous pouvez reprendre celui du document.

À vous de jouer !

Géographie → *corrigé p. 146*

Réalisez le croquis de ce paysage de Rio et donnez-lui un titre.

APPRENDRE À RÉALISER UNE ÉTUDE DE FONCTION

À quoi ça sert ?

L'étude de fonction repose souvent sur les mêmes principes : écriture de f(x) sous différentes formes, calcul de valeurs ou résolution d'équation, tableau de signes, tableau de variation. Il est important de s'entraîner à ce type de tâche pour acquérir les bons réflexes.

Exemple d'exercice

On se propose d'étudier la fonction $f : x \rightarrow x^2 - 3x - 18$.

1. Montrer que : $f(x) = (x - 6)(x + 3)$.

2. Quelles sont les solutions de l'équation $f(x) = 0$?

3. Quel est le signe de f sur IR ?

4. Dresser le tableau de variation de la fonction f.

5. Tracer la représentation graphique de la fonction f.

ÉTAPE 1 Montrer l'égalité de deux expressions

- Pour ce type d'exercice, le plus efficace est toujours de trouver la forme **développée** des expressions proposées. Il peut être nécessaire de développer les deux expressions ou bien, comme ici, celle des deux qui n'est pas développée :

$(x - 6)(x + 3) = x^2 + 3x - 6x - 18 = x^2 - 3x - 18$

ÉTAPE 2 Résoudre une équation

- En général, une seule des deux expressions de f permettra de résoudre l'équation. Il faut bien la choisir ! Ici, c'est l'expression factorisée qui est la plus adaptée :

On résout donc l'équation : $(x - 6)(x + 3) = 0$.

Un produit de facteurs est nul si et seulement si un des deux facteurs au moins est nul. Donc :

$x - 6 = 0$ ou $x + 3 = 0$

$x = 6$ ou $x = -3$

L'équation $f(x) = 0$ possède deux solutions : 6 et – 3.

ÉTAPE 3 Déterminer le signe d'une fonction

- Là encore, il est très important de choisir la bonne expression. Et là encore, c'est l'expression factorisée la plus adaptée : $f(x) = (x - 6)(x - 3)$.

On résout les deux inéquations :

$x - 6 > 0$ $\quad\quad$ $x + 3 > 0$

$x > 6$ $\quad\quad$ $x < - 3$

Ce qui permet de dresser le tableau de signes (voir corrigé p. 147).

Conseil

Réalisez un tableau de signes pour présenter les résultats.

ÉTAPE 4 Dresser un tableau de variations

- Cette tâche fait appel :

– à vos connaissances sur les fonctions de référence ;

– aux résultats des questions précédentes.

L'expression de la fonction f, ainsi que le tableau de signes, permettent de savoir que la représentation graphique est une parabole « tournée vers le haut ».

La résolution de l'équation $f(x) = 0$ permet de connaître le minimum de la fonction : il a pour abscisse la moyenne des deux solutions trouvées : $\frac{-3 + 6}{2} = 1,5$

f atteint son minimum pour $x = 1,5$. Ce minimum vaut :

$f(1,5) = - 20,25$

Ces éléments permettent de dresser le tableau de variation voir corrigé p. 147).

Conseil

Affichez la courbe sur votre calculatrice pour vous assurer que votre tableau de signe est cohérent.

ÉTAPE 5 Réaliser un graphique

Pour réaliser le graphique, il faut :

– s'appuyer sur un tableau de valeurs ;

– s'assurer de calculer suffisamment de valeurs, surtout aux alentours du minimum de la fonction, afin d'obtenir une courbe harmonieuse.

x	– 4	– 3	– 2	– 1	0	1	1,5	2	3	4	5	6	7
f(x)	10	0	– 8	– 14	– 18	– 20	– 20,25	– 20	– 18	– 14	– 8	0	10

– vérifier l'exacte concordance entre le graphique et le tableau de variations. (Graphique : voir corrigé p. 147).

Conseil

Utilisez les éléments de symétrie pour tracer votre graphique.
(ici la droite d'équation x = 1,5)

APPRENDRE À EXPLOITER UN GRAPHIQUE

À quoi ça sert ?

Il s'agit de tirer des informations d'un ensemble de données graphiques que vous devez relier à vos connaissances en physique-chimie.

ÉTAPE 1 Repérer les grandeurs

- Le tracé d'un graphique se fait à partir d'un **relevé de couples de données** (par exemple, le temps et la vitesse). L'évolution est ensuite reportée sur une **feuille à deux axes** (abscisses et ordonnées). Vous devez donc repérer **quelle donnée est en abscisse** et **quelle donnée est en ordonnée**.

ÉTAPE 2 Trouver le lien entre les deux grandeurs

- Vous devez comprendre quel est le **rapport entre les deux grandeurs** : laquelle des grandeurs varie en fonction de l'autre.
- Pour analyser le graphique, essayer de repérer certains **points particuliers** ou des **variations**.
- Transcrivez ce que vous voyez sous forme de phrases.

À vous de jouer !

Physique → *corrigé p. 147*

On a enregistré la température de l'eau lors de son changement d'état et on a obtenu la courbe ci-dessous.

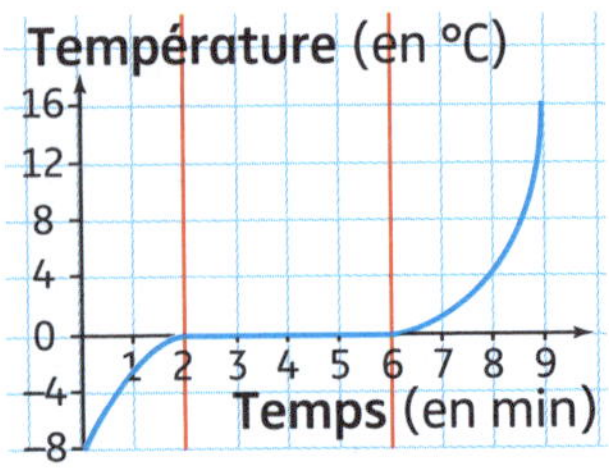

1. Décrivez le graphique.
2. Analyser le graphique.

APPRENDRE À RÉALISER UNE ÉPREUVE COMPOSÉE EN SES

À quoi ça sert ?

L'épreuve composée de SES se divise en trois parties : la mobilisation des connaissances, l'étude d'un document, et un raisonnement s'appuyant sur un dossier documentaire.

ÉTAPE 1 La mobilisation des connaissances

- Cet exercice comprend **deux questions sans document.**
- **Analysez la question posée** afin de bien cerner votre sujet et éviter le hors-sujet. Il vous faut identifier **le chapitre auquel se rattache la question**.
- Votre réponse doit s'organiser à partir d'un **plan** qui montre la logique de votre réflexion et l'enchaînement de vos idées. Mobilisez également les concepts clés et le vocabulaire spécifique.

Conseil

Ne cherchez pas à exposer un maximum de connaissances et ne dépassez pas une quinzaine de lignes par question.

▶ **Exemple de sujet**

Présentez les principaux indicateurs de création de richesse de l'entreprise.

ÉTAPE 2 L'étude de document

- Cet exercice comporte une **question générale en lien avec un document** : tableau statistique, graphique, texte.
- Prenez le temps de bien **comprendre** le document : interprétation des données, raisonnement de l'auteur...
- Cherchez dans le document les **données statistiques** ou les **éléments de réponse** nécessaires pour répondre à la question.
- Rédigez votre réponse en mettant en évidence votre **compréhension** du document.
- Veillez à ne pas faire de paraphrase.

Conseil

Tentez de nuancer et de montrer les limites du document lorsque cela est possible.

ÉTAPE 3 Le raisonnement sur dossier documentaire

- Vous devez montrer dans cet exercice votre capacité à **monter un raisonnement à partir d'un dossier documentaire**. Celui-ci, composé de deux à trois documents, vous apporte des éléments concrets pour alimenter votre réflexion. Ces éléments viennent enrichir vos connaissances personnelles.
- **Analysez d'abord le sujet** avant de lire les documents pour élargir au maximum votre raisonnement.
- Dégagez ensuite **les idées principales** et des **données chiffrées** des documents pour répondre à la question posée.
- **Organisez** enfin votre réponse en respectant les **règles de la dissertation** : une courte introduction, un développement contenant au moins deux parties et une courte conclusion synthétisant la réponse.

Exemple de sujet

Quel est le rôle de l'école dans le processus de socialisation ? Vous répondrez à cette question à l'aide du dossier documentaire et de vos connaissances

À vous de jouer !

SES → *corrigé p. 148*

1. Commencez par présenter le document : le sujet et la source.
2. Mettez en évidence la problématique, la question, que le document cherche à montrer, à étudier.
3. Exposez les conclusions tirées du document.

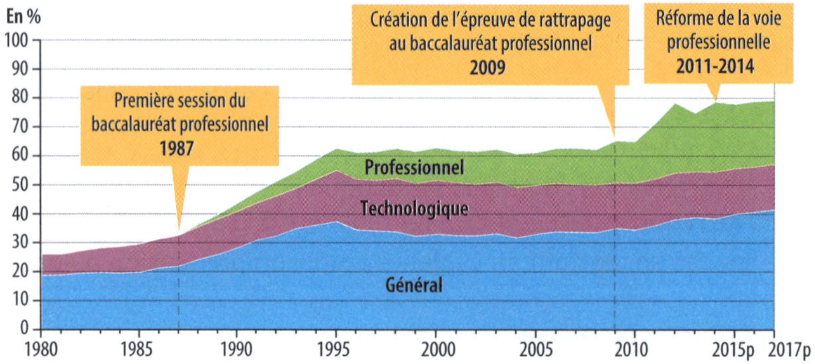

Sources : MEN-MESRI-DEPP, Système d'information Ocean-Safran ; Insee 2016.

APPRENDRE À RESTITUER SES CONNAISSANCES EN SVT

À quoi ça sert ?

Cet exercice sert à montrer que vous maîtrisez un certain nombre de connaissances permettant de répondre de manière organisée à un problème posé.

ÉTAPE 1 Faire une analyse de la question

- **Dégagez les mots-clés** du sujet.

  ▶ **Exemple de sujet**

  À partir de la puberté, l'ovaire et l'utérus montrent une activité cyclique contrôlée par les hormones ovariennes. En vous appuyant sur vos connaissances, montrez qu'il existe une synchronisation entre les cycles de l'utérus et celui des ovaires contrôlée par les hormones ovariennes.

  → **Mots-clés** : synchronisation, cycles, utérus, ovaires, hormones.

- **Définissez ces mots-clés.**

  ▶ **Exemple de mots-clés**

  Hormone : *Messager chimique qui circule dans le sang et agit sur des organes (appelés organes cibles). L'hormone modifie le fonctionnement de l'organe.*

- Posez des **limites** au sujet. Dans l'exemple proposé, ne parlez pas de la mise en place des organes reproducteurs au cours de l'embryogenèse puisqu'il s'agit de savoir ce qu'il se passe à partir de la puberté.

ÉTAPE 2 Lister vos idées au brouillon

- Vous pouvez par **exemple recenser pêle-mêle les idées ou mots-clés** qui vous viennent à l'esprit : *ovaires, ovules, follicules, corps jaune, muqueuse utérine, œstrogènes.*

Conseil

Entourez vos mots-clés de différentes couleurs pour former des groupes d'idées. Cela vous aidera à dégager un plan.

ÉTAPE 3 Organiser votre plan

- Vos idées ou mots-clés doivent être regroupés afin de réaliser **un plan** dont les parties doivent être de tailles équivalentes si possible.

Exemple

I. Cycle des ovaires / II. Cycle de l'utérus / III. Action des hormones ovariennes et synchronisation des cycles.

ÉTAPE 4 Rédiger votre réponse

- **Rédigez votre introduction et votre conclusion**, ce qui vous permet de connaître votre point de départ et d'arrivée et de rester centrés sur la problématique.
- L'introduction explique votre plan et définit les mots-clés.

Conseil

Séparez les titres de parties du texte et soulignez-les.

Exemple d'introduction

La puberté marque le début du fonctionnement des organes reproducteurs chez la femme. Les ovaires libèrent de façon cyclique des ovocytes tous les 28 jours en moyenne (ovulation), l'utérus se modifie afin d'accueillir le futur embryon. Enfin, des hormones sont produites par les ovaires et assurent la synchronisation des cycles.

- La conclusion **répond à la problématique** en reprenant le **plan** et en proposant une **ouverture**.

À vous de jouer !

SVT → *corrigé p. 148*

Rédigez le plan détaillé et la conclusion du sujet présenté à l'étape 1.

LA CARTE MENTALE

À quoi ça sert ?

La terminologie « carte mentale » est directement traduite de l'anglais *mind map*. On utilise également les termes de « carte heuristique », « carte d'idées », ou encore « carte cognitive » pour évoquer cette méthodologie. La carte mentale permet de placer beaucoup d'idées dans un très petit espace.

ÉTAPE 1 Le noyau

- Prenez une feuille au format paysage et placez le **thème** de la leçon au **centre**.
- Autour du thème, inscrivez les **idées principales** de la leçon sous la forme de mots-clés ou de courtes phrases.

Pour aller plus loin

Vous pouvez aussi faire une carte mentale sur une affiche avec des post-it.

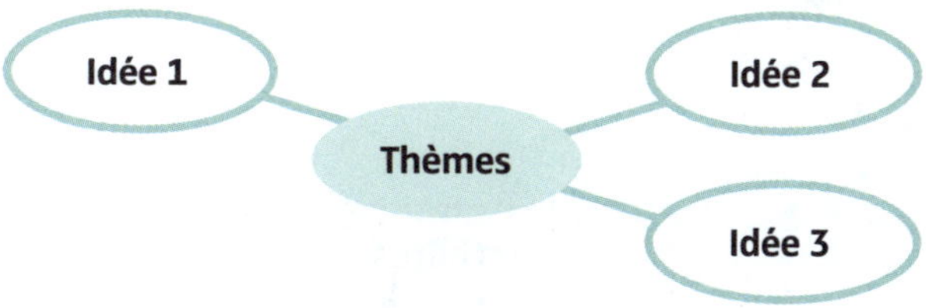

ÉTAPE 2 Les branches

- Pour chaque thème, associez des **idées**, des **exemples**, du **vocabulaire**.
- **Complétez** les différentes branches de votre carte en **développant les idées** principales.
- Si votre carte mentale est réussie, vous pouvez avoir à la fois une **vision détaillée** et une **vision d'ensemble** de votre leçon.

Astuces

• Si cela vous aide à mémoriser, vous pouvez illustrer votre carte avec des images.
• Vous pouvez aussi utiliser une couleur différente pour chaque thème, cela aide à mieux repérer les éléments.

Exemple de carte mentale sur l'érosion et les mécanismes sédimentaires réalisée avec MiMind, une application gratuite sur smartphone.

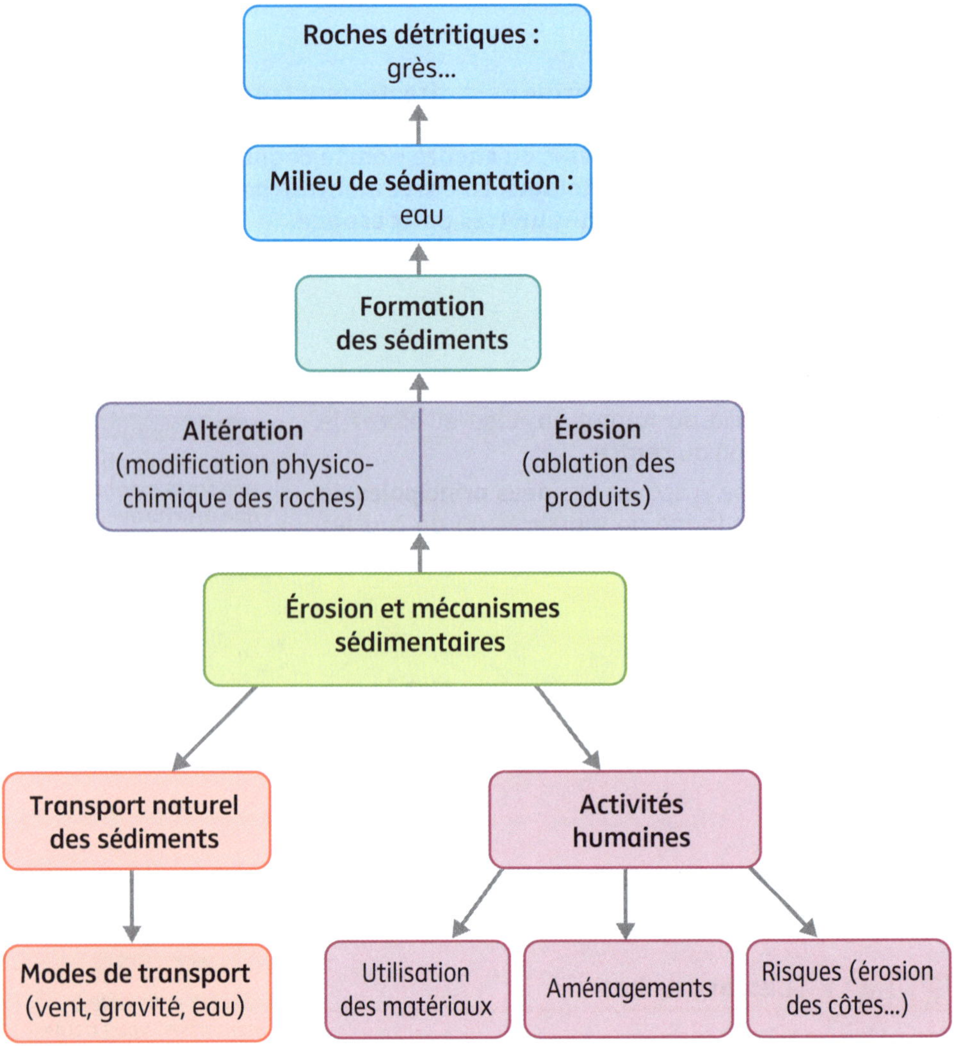

La carte mentale en numérique

- **Les cartes mentales peuvent aussi être réalisées** avec des logiciels gratuits comme Framindmap MiMind ou encore MindMup.
- Pour débuter votre travail, inscrivez au centre le thème de la leçon puis ajoutez des idées nouvelles au fur et à mesure de votre réflexion.

Exemple de carte mentale réalisée avec Framindmap sur l'imprimerie et ses conséquences.

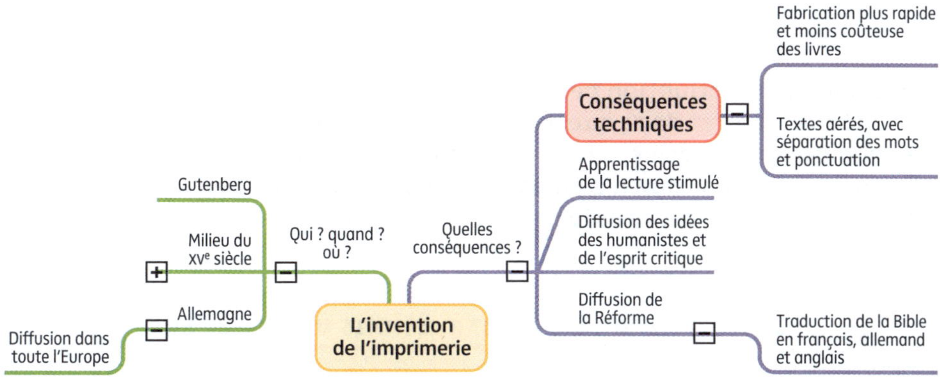

À vous de jouer !

Maths → *corrigé p. 149*

Consigne : Réalisez une carte mentale sur les vecteurs.

Français → *corrigé p. 150*

Consigne : Réalisez une carte mentale pour faire le point sur ce que vous savez sur la nouvelle.

SES → *corrigé p. 150*

Consigne : Réalisez une carte mentale sur le rôle de l'école dans la socialisation. Vous organiserez votre carte mentale autour de trois axes :

– Un lieu d'interactions sociales ;

– diffusion de valeurs républicaines ;

– mise en place d'un cadre culturel.

LE CAHIER DE RÉACTIVATION

À quoi ça sert ?

Le cahier de réactivation permet de retrouver rapidement l'essentiel de chaque leçon et de se questionner de manière autonome. Il facilite la mémorisation active, ce qui permet de consolider sur le long terme la mémorisation d'éléments essentiels. C'est un bon outil pour apprendre à apprendre et lutter contre l'oubli.

ÉTAPE 1 Sélectionner les informations à garder sur le cahier

- Le soir, avant de débuter vos devoirs, notez sur le cahier la **date du jour** et **deux à trois questions** portant sur des **éléments essentiels travaillés en classe** dans la journée ainsi que les réponses.
- On peut aussi trouver dans ce cahier des mots-clés, une règle, une formule, une définition, un schéma, une technique de calcul…
- Vous pouvez également y inscrire des souvenirs en lien avec votre journée ou des moments particulier de cours.

Conseil

Il est indispensable de respecter le format « cahier » afin de ne pas perdre des pages et de garder une chronologie de ce qui a été mémorisé.

ÉTAPE 2 Noter des découvertes personnelles

- Il est possible de faire un point le week-end (ou tous les jours) sur vos **découvertes personnelles** en mettant par écrit :
  – ce que vous avez aimé ;
  – ce que vous n'avez pas aimé ;
  – ce que vous n'avez pas compris.

ÉTAPE 3 Réactiver

- Il s'agit dans cette étape de **reprendre** d'abord **les questions** posées dans la semaine puis certaines questions posées dans le mois. En se posant des questions, on cherche dans sa mémoire les éléments pour reconstruire l'information et le savoir avec ses propres mots.

- Vous pouvez profiter de ce temps de réactivation pour décorer votre cahier, illustrer certains passages. La recherche de documents illustratifs vous permettra de remobiliser vos connaissances et de solliciter votre mémoire.
- Cette étape peut se faire avec des camarades qui vous poseront des questions sur vos souvenirs, vos ressentis. Si vos camarades ont également un cahier de réactivation, vous pourrez comparer vos découvertes personnelles (étape 2).

ÉTAPE 4 Hiérarchiser, persévérer

- **Prévoyez un code** : surlignez en couleur les éléments que vous n'avez pas bien mémorisés pour y revenir ultérieurement. Apprendre, garder en mémoire nécessitent du temps et de la persévérance.

POINT INFO ! Les avantages de cette méthode

Cette méthode permet de planifier les réactivations et donc de **lutter contre l'oubli**. Il est important de réactiver des connaissances le jour même, dans la semaine et dans le mois. Cette habitude de réactivation peut s'avérer très utile au moment des examens.
Le cahier de réactivation **ne remplace pas le cahier de révision**. Il sert essentiellement à mémoriser au fil de l'eau les connaissances acquises quotidiennement. C'est une sorte de carnet de bord. Lorsqu'une leçon est terminée, vous pouvez vous appuyer sur votre cahier de réactivation pour élaborer vos outils de révision (fiches, cartes mémoire, cahier de révision...).

Exemple d'un cahier de réactivation

Lundi 8 octobre

SVT

Ce que je savais déjà :

- *Le monde vivant est organisé en écosystèmes.*
- *Écosystème = êtres vivants + biocénose + biotope.*

Mots-clés :

- ***Écosystème** : ensemble formé par une communauté d'êtres vivants qui établissent des relations entre eux (biocénose) et avec leur environnement (biotope).*

Ce que j'ai fait aujourd'hui

Comparaison de la diversité dans deux écosystèmes

- *Ce que j'ai aimé : comparer l'étude d'un champ de maïs et d'une forêt et identifier les êtres vivants présents dans ces deux écosystèmes.*
- *Bilan : en forêt : forte biodiversité / champs de maïs : faible biodiversité.*

J'ai aimé !

La diversité des espèces → nombre d'espèces et nombre d'individus par espèce.

Histoire

Leçon « La Méditerranée médiévale : espace d'échanges et de conflits à la croisée de trois civilisations »

Mots-clés :

- ***Croisade** : pèlerinage armé menant au Moyen-Âge la chevalerie européenne à tenter de contrôler la Palestine où vécut Jésus.*
- *J'ai retenu que la Méditerranée médiévale est un espace de tensions.*

Mathématiques

Pas vraiment compris les croisades... à revoir

Mots-clés : Variation relative / absolue – Évolutions successives ; évolution réciproque – Moyenne pondérée.

• Je sais calculer une variation absolue : $V_{finale} - V_{initiale}$

• Je sais calculer une variation relative : $\frac{V_{finale} - V_{initiale}}{V_{initiale}}$
ou Vfinale Vinitiale – 1

• Je sais calculer un coefficient multiplicateur lié à une évolution de t % :
CM = 1 + t 100

• Je sais calculer un taux d'évolutions successives :
CMglobal = CM1 * CM2

• Je sais calculer un taux d'évolution réciproque :
CMréciproque = 1CMdirect

SES

Leçon « Comment crée-t-on des richesses et comment les mesure-t-on ? »

Mots-clés :

• **Facteurs de production** : moyens de production durables : travail, capital et ressources naturelles.

• **Travail** : activités humaines socialement organisées dans le but de produire des richesses et donnant lieu à une rémunération.

Français

Mots-clés :

• **Personnage éponyme :** le nom du personnage principal donne le nom de l'ouvrage.

• **Scène d'exposition :** informe le spectateur/lecteur sur les personnages, l'intrigue, le lieu et l'époque.

• J'ai travaillé sur la scène d'exposition de Tartuffe (1664) de Molière.

• J'appris que la scène d'exposition répond aux questions : qui, quoi, quand et où ?

• J'ai été surpris car le personnage éponyme, Tartuffe, n'apparait pas dans la première scène. Il n'apparaît qu'à l'acte III !

L'ENREGISTREMENT

À quoi ça sert ?

On retient parfois mieux ce que l'on entend que ce que l'on écrit. Réciter son cours en paroles et même en gestes peut permettre d'en garder une forte trace en mémoire.

ÉTAPE 1 La synthèse

- Un enregistrement, ça se prépare ! Vous devez donc vous **remémorer la leçon** : qu'avez-vous compris ? De quoi parle la leçon ? Quel est son plan ? Quels en sont les mots-clés ?
- **Faites une fiche de synthèse** avec les éléments essentiels afin de ne pas réaliser des enregistrements trop longs par la suite. → ***Voir Apprendre en réalisant des fiches de révision, p. 120.***

ÉTAPE 2 L'enregistrement

- Faites des phrases claires et audibles.
- **Parlez lentement**, il faut que cela soit agréable à écouter.
- **Ménagez des silences** au cours de l'enregistrement, ils vous permettront de répéter les informations pendant l'écoute, étape importante de la mémorisation.
- **Prévoyez quelques minutes de musique** entre chaque enregistrement : 5 à 6 minutes de cours maximum suivies de 3 minutes de musique. Les pauses musicales sont importantes pour permettre au cerveau de réorganiser les informations. Mais attention, il faut de la musique sans paroles !

Conseil

Vous pouvez vous enregistrer avec votre téléphone portable, un dictaphone ou un ordinateur.

▶ **Exemple d'enregistrement en flashant la page**

ÉTAPE 3 L'écoute

- **Faites le vide** autour de vous, évitez toute distraction (ne regardez pas votre téléphone portable).

- **Écoutez** le cours le plus **attentivement** possible, en vous concentrant sur le son de votre voix et le sens des mots.
- Pendant les silences, **répétez** à voix haute ce que vous venez d'entendre.

Conseil

Faites écouter vos enregistrements à vos parents ou vos amis. S'ils n'ont pas tout compris, retravaillez votre synthèse ou votre diction.

À vous de jouer !

Histoire → corrigé p. 151

Consigne : Pour vous remémorer la leçon sur « Le devenir des populations des Amériques », réalisez un enregistrement autour des trois parties suivantes :

– les conquêtes et affrontements ;

– l'évolution du peuplement amérindien ;

– le peuplement européen et le métissage.

Conseil

Annoncez dès le début de votre enregistrement la matière et le titre de votre leçon. Veillez à bien définir les mots-clés utilisés pour faciliter leur mémorisation. Vous pouvez également prévoir un court temps de questions pour vous aider à remobiliser très rapidement ce que vous devez retenir de l'enregistrement.

SES → corrigé p. 152

Consigne : Présentez dans un enregistrement « le rôle de la famille dans la socialisation ». Vous pouvez ensuite faire écouter votre synthèse à quelqu'un de votre famille et lui demander s'il a tout compris.

Mots-clés à utiliser : socialisation primaire, socialisation secondaire, *habitus*.

LES VIDÉOS

À quoi ça sert ?

Si vous avez l'habitude de regarder des vidéos sur ce qui vous intéresse, pourquoi ne pas en trouver en lien avec le programme ? Elles permettent de mieux comprendre et donc de mémoriser certains contenus de cours qui intègrent des étapes successives.

ÉTAPE 1 Des vidéos pour quoi faire ?

- Il faut d'abord définir les **objectifs** de l'utilisation de la vidéo.
- **Vous avez besoin de comprendre et d'apprendre par exemple :**
  - une procédure, l'utilisation d'un logiciel ;
  - l'évolution de la biodiversité au cours du temps ;
  - comment faire une démonstration mathématique ;
  - la réalisation d'un objet, etc.
- **Vous avez besoin d'un apport d'informations sur un sujet, par exemple :**
  - Michel-Ange et la réalisation de la fresque de la chapelle Sixtine ;
  - la biographie d'un écrivain ;
  - le contexte d'une œuvre, etc.

Conseil

Allez sur le site https://education.francetv.fr, vous trouverez des vidéos classées par niveau et matière.

ÉTAPE 2 Segmenter les vidéos, faire des pauses lors de la lecture

- Ménagez des **temps de pause** lors du visionnage de la vidéo afin d'en dégager les grandes étapes et les informations essentielles à mémoriser. Sans ces pauses, vous êtes soumis à un flux continu d'informations et le contenu de la vidéo disparaît rapidement.

▶ Exemple en mathématiques

Lorsque vous travaillez une vidéo sur la résolution de problème, il vous faut mémoriser les étapes importantes qui ont permis de résoudre le problème afin de pouvoir, par la suite, résoudre un problème seul, en vous appuyant sur ces mêmes étapes.

Conseil

Après un ou plusieurs visionnages d'une vidéo, essayez de raconter à des amis ou vos parents ce que vous avez vu. Lors de cet échange, il est nécessaire de revenir sur la vidéo (faire des arrêts sur images et/ou revoir un ou plusieurs passages afin d'en discuter).

- **Évitez les vidéos trop longues** (plus de 15 minutes) et celles qui ont un débit trop rapide ou qui sont trop denses. Vous risquez de vous perdre dans le flux important d'informations.

ÉTAPE 3 Résumer la vidéo

- Après avoir regardé la vidéo, il est préférable de **garder des traces écrites** : listez les étapes-clés de la vidéo, les mots-clés, les chiffres importants.

À vous de jouer !

Géographie → *corrigé p. 152*

Consigne : Allez sur le site https://education.francetv.fr et sélectionnez dans le niveau seconde le thème géographie. Après avoir visionné les quatre premières minutes de la vidéo « Eau rage, eau des espoirs ! », essayez d'en dégager les grandes parties et imaginez les questions que l'on pourrait poser sur cette vidéo.

Physique → *corrigé p. 153*

Consigne : Regardez un match de football et demandez-vous quelles sont les forces exercées sur le ballon lors de différentes actions. Représentez par des vecteurs, sans souci d'échelle, les forces modélisant les actions qui s'exercent sur le ballon lors d'une reprise de volée ou d'un coup franc par exemple. Vous pouvez faire l'exercice avec beaucoup d'autres sports !

LA MÉTHODE DES *LOCI*

À quoi ça sert ?

Cette méthode d'apprentissage permet de mémoriser des éléments très variés (chiffres, vocabulaire, dates, images...) dans un ordre précis. Elle est également appelée « méthode des lieux » (*loci* = « lieux » en latin) ou encore « palais de la mémoire ».

ÉTAPE 1 Dresser une liste des éléments à mémoriser

- Dégagez les principaux **thèmes** de la leçon, les idées essentielles.
- À partir de ces grands thèmes, faites la **liste des informations à mémoriser** : formules mathématiques, dates, vocabulaire, lieux, personnages, monuments...

> **Astuce**
> *On peut retrouver les idées essentielles dans les titres des leçons.*

ÉTAPE 2 Définir un parcours ou « chemin de la mémoire »

- Choisissez un **lieu bien connu** : maison/appartement, chambre, jardin... Cette méthode s'applique aussi sur des trajets, comme le trajet domicile-lycée, qu'il est facile de visualiser en fermant les yeux.
- Visualisez un **parcours en plusieurs étapes** dans le lieu retenu.
- **Associez un élément** de votre liste de choses à réviser à chaque étape du parcours.
- Pour vous aider à visualiser, vous pouvez imprimer des images et les placer aux différentes étapes du parcours.

> **Conseil**
> *Attention, choisissez bien des lieux et non des actions. Par exemple, « Je fais mes devoirs » est à éviter.*

▶ Exemple en histoire sur « Les Lumières, des idées nouvelles »

– Porte de la chambre : les Lumières, un mouvement de penseurs qui touche toute l'Europe entre le XVIIe et le XVIIIe siècle ;
– Lit : rejet des superstitions ;
– Lampe de chevet : rejet de l'absolutisme ;
– Bureau : lutte pour la tolérance ;
– Commode : monarchie respectueuse des libertés.

Exemple en histoire

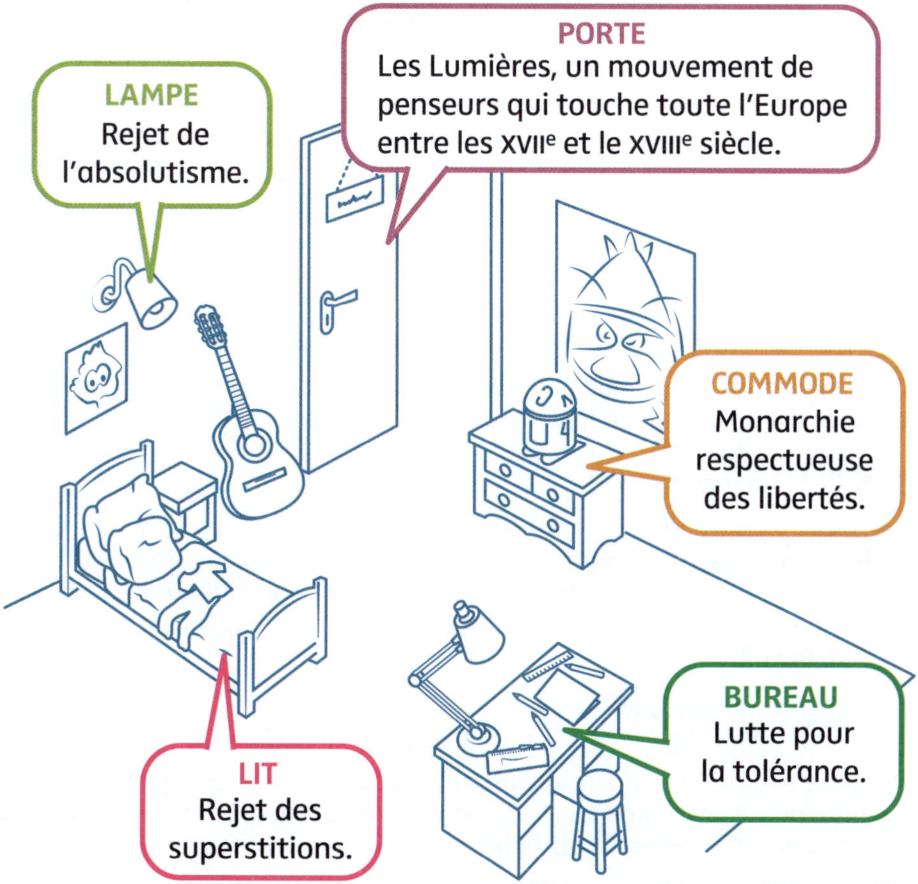

ÉTAPE 3 Se rappeler du chemin pour se souvenir de la liste

- Pour se souvenir de la liste, il suffit de **refaire dans sa tête le parcours** (dans le même ordre) et de visualiser chaque étape et les éléments de la liste qui y sont associés.

À vous de jouer !

SVT → *corrigé p. 153*

Consigne : Imaginez un chemin de la mémoire, par exemple dans votre chambre, permettant de « distinguer les différentes échelles du vivant (atomes, molécules, cellules, tissus, organes, organisme)» à l'aide de la méthode des *loci*. Lors du parcours, pour chaque élément, indiquez une taille approximative.

SES → *corrigé p. 154*

Consigne : Inventez un chemin de la mémoire pour mémoriser le thème sur « Le rôle de l'État dans la fixation des prix » à l'aide de la méthode des *loci*.

Quel chemin pourriez-vous proposer pour répondre à la question suivante : comment l'État peut-il intervenir et influencer la fixation des prix ?

Chimie → *corrigé p. 155*

Consigne : En utilisant la méthode des *loci*, inventez un chemin de la mémoire pour réviser le chapitre « Description macroscopique de la matière ». Vous devez mémoriser les tests chimiques permettant d'identifier les espèces chimiques suivantes : eau (H_2O), dioxygène (O_2), dihydrogène (H_2) et dioxyde de carbone (CO_2).

Maths → *corrigé p. 156*

Consigne : Créez un parcours dans la maison en identifiant des objets dont la forme évoque une figure géométrique (carré, cercle, triangles, rectangle, losange, parallélogramme). Lors du parcours, pour chaque forme identifiée, se souvenir des propriétés de ces figures.

Les propriétés essentielles à retenir :

- Diagonales d'un parallélogramme, d'un losange, d'un rectangle, d'un carré ;
- Triangle rectangle et cercle circonscrit ;
- Axes et centres de symétrie des quadrilatères et des triangles.

POINT INFO ! Les avantages de cette méthode

Depuis l'Antiquité, les êtres humains cherchent à améliorer leur mémoire. C'est pourquoi les Grecs rendaient un culte à la **déesse de la mémoire**, Mnémosyne.
La méthode des *loci* est la **première méthode de mémorisation** connue dans l'histoire.
En utilisant cette méthode, vous déposez « symboliquement » une information à une étape.
Il faut **s'imaginer la déposer à l'endroit précis** évoqué pour que ce soit efficace.
Lors de la récupération des informations, la mémoire **refait le chemin dans le même ordre** et s'arrête à chaque étape pour y récupérer l'information déposée. C'est pourquoi on parle de « chemin de la mémoire » ou encore de « parcours de la mémoire ».

L'ÉCRITURE

À quoi ça sert ?

Écrire est très efficace pour mémoriser sur le long terme et apprendre à reformuler avec ses propres mots.

ÉTAPE 1 Réaliser son propre résumé

- **Choisissez** une leçon à réviser, puis classeur ou cahier fermé, essayez d'écrire votre propre résumé des idées principales. Faites l'effort de vous souvenir sans support dans un premier temps.
- **Reformulez avec vos mots**, trouvez les exemples les plus utiles pour illustrer vos propos. Recopier mot pour mot ne vous permettra pas de bien mémoriser.

Conseil

Préférez rédiger un résumé plus court, mais avec vos propres mots, qu'un texte plus long avec des phrases tirées du cahier ou du classeur.

ÉTAPE 2 Corriger son résumé

- **Reprenez** votre résumé et **comparez-le** avec votre leçon.
- **Ajoutez des éléments** qui vous semblent très importants et que vous auriez **oubliés** : mots-clés, vocabulaire.
- **Corrigez** aussi vos **erreurs** (dates, formules...).

ÉTAPE 3 Refaire un résumé

- Si vous n'êtes pas satisfait de votre premier résumé (trop court, trop d'erreurs), **recommencez** l'activité une heure plus tard, voire le lendemain.
- **Comparez** ensuite ce deuxième résumé avec le premier, vous devriez voir les progrès.

Conseil

Ne vous découragez pas si vous devez recommencer votre résumé. Mémoriser nécessite de la persévérance. On retient souvent plus longtemps les éléments qui ont été difficiles à mémoriser.

À vous de jouer !

Français → corrigé p. 157

Consigne : Rédigez un résumé présentant le discours argumentatif.
- Quels enjeux ?
- Quelle composition ?
- Quelles formes ?

Maths → corrigé p. 157

Consigne : Rédigez un résumé à propos de la fonction carré :
- ses caractéristiques (domaine de définition, variations, parité, etc.) ;
- sa représentation graphique.

Chimie → corrigé p. 158

Consigne : À l'aide de votre cours « Émission et propagation de la lumière, rédigez un résumé sur le spectre d'émission.
- Qu'est-ce que c'est ?
- Donnez deux exemples de spectres lumineux.
- Quelle est l'influence de la température sur les spectres.

POINT INFO ! Les avantages de cette méthode

Passer par l'écriture sans support implique de **rechercher activement** les connaissances dans ses souvenirs, on parle d'une phase de « récupération ».
S'ensuit **un travail d'élaboration** où vous devez relier les informations nouvelles à des informations anciennes déjà mémorisées.
Puis **le travail de reformulation** des idées constitue la dernière étape où vous écrivez, avec vos propres mots, vos nouvelles idées.
À long terme, **le travail de réflexion** et de reformulation par l'écriture est bénéfique.
Même si la reformulation est incomplète ou fausse, écrire pour apprendre conduit à un meilleur apprentissage pour peu que la solution soit fournie ensuite.

LA MÉMORISATION ACTIVE

À quoi ça sert ?

La mémorisation active est une méthode qui sert à fixer des informations sur le long terme. On peut la développer et apprendre à l'utiliser de manière autonome.

ÉTAPE 1 Se questionner de manière active

- Posez-vous des **questions** sur la leçon à réviser, mais **cahier fermé**, et cherchez des éléments de réponse dans votre **mémoire**.
- L'exercice est plus difficile que de relire son cours, mais vous retenez mieux si vous avez fait des **efforts pour mémoriser** une information.
- Prenez du temps pour tester vos fiches, cela peut se faire seul, entre amis…

ÉTAPE 2 Faire des liens pour rechercher les informations

- Il faut s'accorder du temps pour trouver les réponses. Cela passe par la **recherche de liens, d'indices**, tout ce qui peut permettre de se rappeler.
- **Ne pas passer trop vite de la question à la réponse**. Lorsque la durée du questionnement augmente, vous avez plus le temps de faire des liens et cela augmente la mémorisation.

ÉTAPE 3 Organiser ses réponses avec ses propres mots

- Les réponses aux questions posées sont construites avec **vos propres mots**, ce qui favorise la mémorisation.
- Les réponses peuvent être faites à **l'oral**, à **l'écrit**.

ÉTAPE 4 Réaliser une fiche de mémorisation active

- Sélectionnez les informations essentielles à mémoriser.
- Préparez une **fiche divisée en deux** : d'un côté les questions et de l'autre les réponses. Cette présentation permet d'avoir un retour rapide pour obtenir la bonne réponse, lever un malentendu ou encore rectifier une erreur.
- Ce qui est important, c'est de cacher la réponse aux questions afin de faire l'effort de rechercher les informations.

À vous de jouer !

Histoire → corrigé p. 159

Consigne : Préparez des fiches de mémorisation sur le thème « La Méditerranée médiévale : espace d'échanges et de conflits à la croisée de trois civilisations ».

Connaissance à mémoriser (sous forme de question, de texte à trous)	Réponse cachée
Quelles sont les trois civilisations que l'on retrouve en Méditerranée au XIIe siècle ?	• L'empire byzantin, héritier de l'empire romain • Un monde musulman • L'Occident médiéval en plein essor
L'empire romain a survécu dans sa partie orientale devenue l'empire .... À Constantinople règne le .... après le schisme de .... d'avec la papauté romaine catholique. Il est couronné dans la basilique de .... Au XIIe siècle, assiégé par l'Islam, il ne s'étend plus que sur une partie de l'Asie Mineure et les Balkans, Grèce comprise.	L'empire romain a survécu dans sa partie orientale devenue l'empire byzantin. À Constantinople règne le *basileus* après le schisme de 1054 d'avec la papauté romaine catholique. Il est couronné dans la basilique de Sainte-Sophie. Au XIIe siècle, assiégé par l'Islam, il ne s'étend plus que sur une partie de l'Asie Mineure et les Balkans, Grèce comprise.
Qu'est-ce qu'un calife ?	C'est un souverain musulman, successeur de Mohamed, qui détient le pouvoir politique et spirituel.

Maths → corrigé p. 160

Consigne : Préparez des fiches de mémorisation sur le thème du calcul numérique (puissances, racines carrées, fractions).

Français → corrigé p. 161

Consigne : Préparez des fiches de mémorisation sur le thème du théâtre.

Géographie → corrigé p. 163

Consigne : Quelles questions se poser pour réviser la leçon sur « L'Afrique australe : un espace en profonde mutation » ? Vos questions doivent permettre de comprendre la première partie du chapitre sur les milieux à valoriser et ménager en Afrique australe.

LES FICHES DE RÉVISION

À quoi ça sert ?

La fiche de révision est un bon outil de base pour apprendre. Elle nécessite de bien identifier ce qu'il faut apprendre et vous oblige donc à vous poser des questions, à faire des associations d'idées pour bien synthétiser.

ÉTAPE 1 Trier les informations en fonction du type de fiche

- **Fiche de synthèse** pour résumer les points importants d'une leçon et retenir l'essentiel, très utile en histoire.
- **Fiche méthode** pour apprendre à maîtriser un outil ou une démarche.
  Exemple de fiche méthode pour résoudre un problème en mathématiques :
  1) Comprendre le problème
  2) Élaborer un plan, une stratégie de résolution
  3) Exécuter le plan
  4) Vérifier les résultats
- **Fiche problème** pour synthétiser tous les outils et démarches (théorèmes, protocole...), possible pour résoudre un problème en mathématiques ou en sciences.

Conseil

Réalisez vos fiches régulièrement, cela vous aidera à mémoriser et évitera de les faire au dernier moment.

ÉTAPE 2 Réaliser les fiches

- Utilisez une fiche cartonnée au **format A5** (demi-feuille A4) afin d'aller à l'essentiel.
- Attribuez à vos fiches **une couleur par matière**. Exemples : fiches de révision roses pour l'histoire-géographie, bleues pour les maths, vertes pour la SVT...
- Commencez par inscrire **en haut de la fiche le titre de votre leçon**, cela vous permettra d'y revenir plus tard sans perdre de temps.
- **Listez les idées sans faire de phrases complètes ni utiliser de verbe.**

- **Abrégez** les mots et utilisez un **code couleur** identique pour toutes vos fiches. Exemple : titre de la leçon en rouge, mots-clés en vert, dates en bleu, formules en violet...

ÉTAPE 3 Stocker les fiches

- Regroupez vos fiches au choix :
  – dans un classeur A5, avec des intercalaires séparant les fiches par matière ;
  – dans des boîtes → *Voir Organiser ses révisions, p. 54*.
- Vous pouvez aussi les conserver **dans une pochette plastique** dans le classeur ou dans une pochette plastifiée scotchée dans le cahier, **à la fin de chaque leçon**.

À vous de jouer !

Maths → *corrigé p. 164*

Thème : Les probabilités

Consigne : Réalisez une fiche de révisions sur le thème des probabilités.

Aide : *Écrivez les règles de calcul que vous connaissez sur les probabilités, et illustrez-les si possible par des exemples.*

Français → *corrigé p. 164*

Consigne : Réalisez une fiche de révision sur le mouvement littéraire et artistique du surréalisme.

LES CARTES MÉMOIRE

À quoi ça sert ?

Les cartes mémoire permettent de réviser de manière ludique et de vérifier que l'on connaît ses cours, sans avoir besoin de quelqu'un pour faire réciter ce que l'on a appris ! Elles servent à mémoriser un grand nombre d'informations par cœur.

ÉTAPE 1 Sélectionner les bonnes informations

- Les **informations** à mémoriser : formules mathématiques, dates, vocabulaire.
- Les **thèmes** de la leçon, appelés souvent « les grandes parties ».
- Les **exemples** pour illustrer les grandes idées.
- Les **personnages, lieux, monuments, œuvres d'art**...

ÉTAPE 2 Catégoriser les informations

- Utilisez une **couleur** pour **chaque catégorie** de cartes : par exemple bleu pour les dates, orange pour le vocabulaire, vert pour les personnages...

ÉTAPE 3 Fabriquer les cartes

- Imprimez ou reproduisez des cartes.
- Inscrivez un thème sur le *recto* et la ou **les information(s) associée(s) sur le verso** :
  - une question et sa réponse ;
  - une image et un lieu ;
  - un mot et sa définition ;
  - un personnage et ses dates importantes ;
  - un mot en langue étrangère et sa traduction.

Conseil

Pensez à construire les cartes au fur et à mesure de l'avancement de la leçon quand vous la révisez le soir à la maison.

- Les meilleures cartes mémoire sont celles que l'on se fabrique soi-même, en créant ses propres associations :
  – Si vous avez une mémoire plutôt **auditive**, inscrivez des mots et des phrases sur vos cartes.
  – Si vous avez une mémoire plutôt **visuelle**, privilégiez les images, les schémas, les photos ou les graphiques.

La carte mémoire en numérique

- Il existe des **logiciels gratuits** pour réaliser ses cartes mémoire, appelées également *flashcards* : Anki et Mnémosyne.
- Ces deux logiciels utilisent des **systèmes de répétition espacée**, ce qui permet au logiciel de vous interroger sur la carte mémoire à un moment où vous risquez d'oublier l'information.

À vous de jouer !

Géographie → *corrigé p. 166*

Consigne : En utilisant la méthode des cartes mémoires, présentez les mobilités dans le monde. Pensez à aborder les migrations internationales et les mobilités touristiques internationales.

SES → *corrigé p. 167*

Consigne : Réalisez un jeu de cartes mémoire pour présenter comment on crée des richesses et comment on les mesure.

Français → *corrigé p. 168*

Consigne : Créez un jeu de cartes mémoire pour réviser les figures de style.

Maths → *corrigé p. 169*

Consigne : Créez un jeu de 9 cartes pour réviser les fonctions de référence (identité ; carré ; cube ; inverse ; racine carrée). Quelle représentation graphique ? Quel tableau de variation ?

Deux catégories de cartes à faire : *les courbes ; les tableaux de variation.*

Chimie → *corrigé p. 170*

Consigne : Créez un jeu de cartes mémoire pour retenir les différents pictogrammes de sécurité.

POINT INFO ! Les avantages de cette méthode

Fabriquer ses cartes mémoire stimule la mémoire kinesthésique, d'une part parce que l'on « écrit » ses réponses, mais également parce que l'on se met dans **une position active** en recherchant les questions les plus pertinentes à poser en fonction du contenu que l'on veut mémoriser.
Les cartes facilitent aussi le **processus de réactivation des informations**, car une fois qu'elles sont confectionnées, il est possible de les utiliser tout au long de l'année, n'importe quand et en de multiples endroits (dans les transports, à la maison...).
Vous pouvez utiliser les cartes mémoire à plusieurs, notamment en famille ! Les cartes sont mélangées et chacun pioche à son tour pour tenter de répondre aux questions.

LE PLAN DÉTAILLÉ

À quoi ça sert ?

Faire un plan détaillé permet de mettre en avant les éléments essentiels. Cela donne une vision d'ensemble de la leçon, ce qui facilite sa compréhension et sa mémorisation.

ÉTAPE 1 Avoir une vision d'ensemble

- **Lisez** l'ensemble de la leçon.
- Listez les **titres des grandes parties** pour comprendre l'organisation de la leçon et l'articulation entre les grandes parties. L'ordre des grandes parties répond à une logique : chronologique, de cause à effet, thématique… Si les grands titres n'apparaissent pas clairement, découpez votre leçon en fonction des grandes idées : une grande idée étant équivalente à une partie. Puis dégagez le sens général de chaque partie.
- Listez ensuite les **sous-parties** et le **vocabulaire**, **dates**, **noms de personnages, formules, citations**… associés à ces sous-parties.

Conseil

Travailler sur un plan nécessite d'ordonner et de « ranger » les informations qui sont alors plus faciles à restituer.

ÉTAPE 2 Rédiger le plan

- Utilisez des **couleurs différentes** pour les titres des grandes parties et leurs sous-parties. Si besoin, reformulez-les avec vos propres mots.
- Pour chaque grande partie et sous-partie, recopiez les dates, formules, citations, vocabulaires importants mais **sans les explications**.

Exemples : notez le nom d'un personnage mais pas ses actions, un mot de vocabulaire sans sa définition… Prévoyez d'autres fiches pour noter la signification de ces éléments. Il est possible de coupler le plan détaillé avec des cartes mémoire (→ voir p. 122).

TITRE

1. Grande partie

a) Sous-partie

les éléments essentiels

a) Sous-partie

les éléments essentiels

2. Grande partie

a) Sous-partie

les éléments essentiels

b) Sous-partie

ÉTAPE 3 « Tester » le plan

- **Cachez le plan** et refaites-le dans votre tête ou au brouillon. C'est très efficace la veille d'une évaluation.
- Essayez de **raccrocher un maximum de connaissances** aux différentes parties du plan. Si de nombreux souvenirs de la leçon vous reviennent, c'est que cette méthode vous convient.

Conseil

En période d'examen, les révisions se font à partir des plans, toujours accessibles. Il est alors facile de réviser une leçon dans les transports par exemple.

À vous de jouer !

Histoire → *corrigé p. 171*

Consigne : Faites un plan sur la Réforme de Luther en 1517. Vous montrerez d'abord le contexte dans lequel est née la Réforme puis vous présenterez la Réforme en elle-même.

Aide : *Pour vérifier la bonne cohérence de votre plan, expliquez les liens entre les différentes parties à l'oral. Si vous avez des difficultés pour expliquer ces liens, c'est que votre plan n'est peut-être pas bien organisé.*

SVT → *corrigé p. 171*

Consigne : Réalisez un plan détaillé de la leçon « De la fécondation à la puberté : devenir une femme, devenir un homme ».

Aide : *Votre plan détaillé doit comporter : un titre, les titres des grandes parties, des sous-parties et les éléments essentiels qui les composent.*

L'ESSENCE DU RÉSUMÉ

À quoi ça sert ?

L'essence du résumé est très utile lorsqu'il faut apprendre un contenu dense (événements, concepts, informations...). Cette technique vous oblige à résumer une leçon en réduisant progressivement la taille du résumé, pour ne retenir au final que l'essence du résumé, c'est-à-dire l'essentiel de la leçon.

VARIANTE 1 Résumer la leçon seul

- **Lisez** l'ensemble de la leçon.
- Préparez un résumé de la leçon en **32 mots environ**.
- Réécrivez un résumé en **16 mots environ** en utilisant des idées-clés ou des mots déjà présents dans le premier résumé.
- Répétez ce processus pour obtenir un résumé de **8 mots environ** puis **4 (ou 3)** mots.

Astuce

Le nombre de mots peut varier légèrement.

VARIANTE 2 Résumer la leçon en groupe

- Préparez **séparément** votre premier résumé en 32 mots environ.
- **Écoutez** les résumés respectifs et choisissez celui qui vous semble **le meilleur**.
- **Ensemble**, résumez progressivement le texte choisi jusqu'à obtenir l'essence du résumé en 3-4 mots.
- Dernière étape facultative : individuellement, écrivez un résumé d'une longueur qui convienne à chacun.

Astuce

Utilisez cette technique en groupe pour une leçon que vous n'avez pas bien réussi à mémoriser. Vous bénéficierez d'une belle dynamique d'apprentissage.

À vous de jouer !

SVT → *corrigé p. 172*

Consigne : Utilisez la méthode de l'essence du résumé pour décrire « Le transport des sédiments issus de l'altération des roches ». Vous résumerez la leçon en 32 mots, puis 16, 8 et enfin 4.

SES → *corrigé p. 173*

Consigne : Utilisez la méthode de l'essence du résumé pour décrire les grandes tendances de la croissance.

Aide : *Vous aurez sans doute un premier résumé d'une centaine de mots en raison de la densité du contenu de ce thème. Mais la méthode reste la même, réduire le résumé initial en plusieurs étapes.*

Français → *corrigé p. 174*

Consigne : Utilisez la méthode de l'essence du résumé pour présenter les caractéristiques de la nouvelle réaliste.

Physique → *corrigé p. 175*

Consigne : Utilisez la méthode de l'essence du résumé pour expliquer ce qu'est une onde sonore.

Chimie → *corrigé p. 175*

Consigne : Utilisez la méthode de l'essence du résumé pour expliquer ce qu'est un atome.

TRAVAILLER À PLUSIEURS

À quoi ça sert ?

Travailler à plusieurs, c'est pouvoir partager les tâches, les expériences, s'encourager les uns les autres et s'entraîner en se posant des questions.

ÉTAPE 1 Choisir son groupe de travail

- Essayez de constituer un groupe de travail **équilibré** de personnes ayant le même niveau ou des niveaux qui ne sont pas trop différents. Mais **l'hétérogénéité dans le groupe est aussi utile** car les plus avancés revoient les bases et ancrent leurs connaissances en expliquant aux autres. Les moins avancés, eux, bénéficient d'une dynamique de travail et font réfléchir les autres en les questionnant.
- Attention, ne choisissez pas uniquement des amis proches, mais des **personnes motivées et sérieuses** qui se connaissent un minimum.
- **Évitez** aussi les groupes de travail **supérieurs à quatre personnes**, six étant le maximum.

Conseil

Pensez à éteindre vos téléphones portables.

ÉTAPE 2 Choisir son groupe de travail

- Les révisions s'organisent souvent autour de **trois grands axes** :
  - ce qu'il faut savoir : des connaissances précises (dates, formules, définitions…) ;
  - ce qu'il faut comprendre : les causes d'un phénomène, un contexte… ;
  - ce qu'il faut savoir expliquer : synthèses, bilans…
- Préparez des questions à vous poser entre vous en fonction de ces trois axes. Vous pouvez prévoir des questions de niveaux différents.

Niveau 1 : questions simples sur des connaissances précises

Exemple : Comment s'accorde le déterminant ?

Réponse : Le déterminant s'accorde en genre et en nombre avec le nom qu'il détermine.

Niveau 2 : questions de compréhension

Exemple : Reconnaître les différents types de récit à partir d'exemples proposés.

Réponses possibles : Récit témoignage, carnet de voyage, récit mythique.

Niveau 3 : questions bilans/de synthèse

Exemple : Quelles sont les caractéristiques du héros romantique ?

Réponse : C'est un personnage hors du commun, un être énergique, un être impuissant et condamné. Le héros romantique mène un combat solitaire contre l'ordre social. Son sacrifice se conclut le plus souvent par une mort sans gloire.

ÉTAPE 3 Révisez en testant différentes techniques

- **Présentez** vos productions en expliquant ce que vous avez sélectionné comme informations, vos choix de documents, de couleurs... Ces temps vous permettront de vous entraîner pour votre épreuve orale.
- Testez ensemble des **techniques de mémorisation et de révision**.

→ ***Voir les cartes mémoires p. 122 ; la méthode des loci p. 112 ; l'essence du résumé p. 127.***

- Faites-vous interroger pour vérifier ce que vous avez compris et appris.

→ ***Voir la fiche de révision p. 120, le plan détaillé p. 125.***

Conseil

Alternez les activités : jeux, présentation de productions, interrogations...

ÉTAPE 4 Réviser avec des jeux

- Préparez des **jeux**, cela vous permet de mobiliser du **vocabulaire**, les **notions importantes** de la leçon dans une ambiance de travail agréable et détendue. Le jeu est un moyen de mettre en **application** ce qui a été appris à travers une pratique active.
- Des **sites Internet** permettent de créer rapidement des quiz : 2Reply ou Onlinequizcreator.

Conseil

Soyez créatifs et imaginatifs, n'hésitez pas à varier les règles et les supports : cartes, plateaux, etc.

▶ **Exemples de jeux que vous pouvez utiliser :**

– quiz (chercher l'intrus, QCM, vrai ou faux) ;
– jeu du pendu ;
– charades ;

– *jeu de l'oie ;*
– timeline *: le principe du jeu vous permet de situer des événements les uns par rapport aux autres ;*
– *cartes questions/réponses* → ***Voir les cartes mémoires p. 122.***

Exemple de règle pour le jeu de la *timeline* en histoire

But du jeu
Se débarrasser le plus rapidement de ses cartes !
Déroulement du jeu pour un joueur
- Posez la première carte en la retournant face date visible.
- Piochez une carte et essayez de la positionner, face événement, soit avant, soit après la carte initiale posée.
- Essayez ensuite de donner la date de l'événement et d'apporter des connaissances.
- Placez ainsi l'ensemble des cartes avant de les retourner pour vérifier les dates.

Déroulement du jeu (plus de deux joueurs)
- Le premier joueur positionne sa carte, essaye de donner la date de l'événement et des informations.
- Puis la carte est retournée face date pour vérifier.
- Si le joueur a faux, il récupère sa carte et en pioche une autre. Si sa carte est bien positionnée, il gagne un point ; s'il a la bonne date, il gagne un deuxième point et s'il a su apporter des informations supplémentaires, il gagne un troisième point.

Conseil
Ce jeu est très efficace pour apprendre une frise chronologique ou les étapes d'une expérience en sciences par exemple.

ÉTAPE 5 Réviser en famille

- Réviser est aussi l'affaire de la famille, n'hésitez pas à planifier des **temps de travail ensemble**. La gestion de vos révisions a en effet un **impact** sur toute la famille, surtout si vous sollicitez l'**aide de vos parents**. Essayez de vous mettre d'accord sur des temps bien identifiés où vos parents seront disponibles pour vous accompagner.
- Le week-end, prenez la place du professeur et **faites la leçon à vos parents** dont les cours remontent… au siècle dernier ! On retient mieux quand on explique ce que l'on a compris.

- Essayez de trouver du temps dans la semaine pour un **« Quoi de neuf ? »**. C'est l'occasion pour vous d'échanger sur votre travail (mais pas seulement), ce que vous avez **réussi** à faire dans la semaine, ce qui vous a **freiné**, bloqué.

Zoom sur le jeu *Qui est qui ? Qui est quoi ?*

But du jeu

Trouver qui/quoi se cache sur le post-it !

Le matériel

- un bloc de post-it ;
- les outils de révisions (fiches, cartes, images...) et les cahiers.

Déroulement du jeu

- Chaque joueur inscrit sur un post-it le nom d'un personnage historique, d'un auteur, d'un animal ou objet, puis le colle sur le front d'un des joueurs.
- Chacun doit ensuite deviner ce qui est écrit sur son post-it en posant des questions aux autres : « Suis-je un objet ? », « Ai-je vécu au XXe siècle ? »...
- En prévision de ce jeu, vous pouvez préparer une liste d'objets, d'animaux, de personnages historiques et les indices associés. Les indices seront donnés en coup de pouce pour les joueurs ayant des difficultés à trouver les réponses.

MÉMORISER AU QUOTIDIEN QUAND ON EST DYS

À quoi ça sert ?

À chacun sa méthode ! Si vous êtes dys, vous avez l'habitude de travailler un peu différemment des autres. Pour le lycée, la charge de travail est plus importante, et il est important de mémoriser au quotidien. Il existe des techniques adaptées qui vous permettront de réussir.

ÉTAPE 1 Reprendre tous les jours ses notes

- Ménagez-vous **chaque jour** un temps de révision et de récapitulation du travail de la journée. En attendant le lendemain ou la fin de la semaine, vous risquez d'oublier de nombreux détails et de ne plus vous rappeler le contenu de vos leçons.

> **Astuces**
> - *Prévoyez des séances courtes et répétées de travail.*
> - *Revoyez toujours vos notes de la leçon précédente avant d'aborder la leçon suivante.*

- **Fixez des couleurs repères**, par exemple pour les titres, les sous-titres, les mots-clés, les citations, les exemples... Elles doivent rester **toujours les mêmes** : les titres seront toujours soulignés en rouge, les mots de vocabulaire entourés en vert... Illustrez-les d'images si cela vous aide à mémoriser. **Les couleurs vous permettent de trier et de repérer ce qu'il faut apprendre.**

Exemple : *en français, les couleurs peuvent mettre en évidence un champ lexical dans un texte.*

ÉTAPE 2 Pratiquer régulièrement l'auto-évaluation

- **Posez-vous des questions** pour vérifier si vous avez **bien compris** l'essentiel de la leçon après une séance d'apprentissage. Cela vous amène à réfléchir sur la façon dont vous avez travaillé et à trouver les moyens de l'améliorer.

Exemple :
Qu'est-ce que je savais déjà sur le thème avant d'apprendre ma nouvelle leçon ?
Qu'ai-je appris de nouveau (vocabulaire, date...) ?
Ai-je pris du plaisir à apprendre ma leçon ? Pourquoi ?
Ai-je éprouvé des difficultés ? Qu'est-ce qui m'a gêné ?
Ai-je été efficace par rapport au temps passé à apprendre ma leçon ?
Qu'est-ce qui me permettrait d'être plus efficace la prochaine fois ?

ÉTAPE 3 Écrire, réciter et répéter

- **Notez** régulièrement sur un carnet de bord **les informations à mémoriser** (des règles de grammaire, des formules, des dates, du vocabulaire...). Vous pouvez y ajouter des **repères visuels.** Cette approche est plutôt efficace car elle fait appel aux diverses modalités d'apprentissage : voir, écouter, écrire, énoncer et faire.

ÉTAPE 4 Tester différentes manières d'apprendre

- **Apprenez de façon active et visuelle** en manipulant, expérimentant, construisant.

Exemples :

– préparer un exposé, faire une enquête, une expérience concrète ;

– composer une chanson, un poème sur une notion ou une histoire ;

– chanter, dessiner, reconstituer une bataille.

→ Voir la carte mentale p. 101 ; l'enregistrement p. 108 ; les vidéos p. 110 ; la méthode des **loci** p. 112 ; apprendre à plusieurs p. 129.

- **Faites-vous interroger** pour vérifier ce que vous avez compris et appris.

ÉTAPE 5 Zoom sur quelques méthodes

a. Le dessin

- Vous êtes souvent en difficulté pour rendre compte à l'écrit de ce que vous avez compris d'une leçon (notion, idée essentielle), mais vous parvenez à vous en faire une **image** dans votre tête.
- Après avoir lu ou écouté une leçon, fermez les yeux et essayez de vous en faire une image dans votre tête.
- Assurez-vous auprès d'un camarade ou de vos parents que vous vous faites une **bonne représentation** de cette leçon.
- Puis **dessinez ce que vous avez imaginé** sur une feuille.
- Notez ensuite le **titre de la leçon et ce que vous avez représenté** (idée, vocabulaire...).

b. L'affiche

- Sélectionnez **des images qui donnent** des renseignements et vous aident à comprendre la leçon. Ne pas oublier de légender les images : titre, source.
- Faites un **brouillon** où les titres, mots-clés et images seront positionnés.
- Essayez d'utiliser un **code couleur** pour organiser les titres toujours de la même manière.

> **Conseil**
> *Utilisez vos affiches A3 comme des sous-main.*

- Mettez en évidence certains **mots-clés** (couleur, soulignement, majuscules...) pour guider la lecture.
- Écrivez suffisamment **gros** : une affiche est faite pour être vue et lue avec une certaine distance.
- **Exposez** votre affiche ! Vérifiez que l'affiche est lisible de loin, que les textes ne sont pas trop longs.
- **Présentez** votre affiche aux membres de la famille, aux amis.

RÉVISER QUAND ON EST DYS

À quoi ça sert ?

Vous avez le trac, la peur de l'évaluation de fin de chapitre. En fait la peur de l'échec. Réviser avec des méthodes adaptées vous permettra d'aborder cette épreuve avec plus de sérénité. Vous êtes capable de réussir.

ÉTAPE 1 Organiser ses révisions

- Vous pouvez **organiser votre emploi du temps** en alternant moments de concentration et pauses :
  – faites la liste des leçons à réviser ;
  – travaillez environ 45 minutes (durée fixée par un minuteur) puis rayez les tâches qui ont été faites ;
  – accordez-vous ensuite une pause de 10 minutes.
- Établissez **des priorités** sur ce qu'il faut réviser en fonction du travail à fournir : les priorités sont les leçons qui vous demandent **le plus de temps de révision.**
- Faites un planning de révision → Voir p. 158.

ÉTAPE 2 Faire un glossaire de consignes

- **Listez** les consignes les plus fréquentes dans les épreuves écrites. Au besoin, demandez conseil auprès de vos enseignants.
- Reprenez chaque consigne et **reformulez-la avec vos propres mots**, en faisant des **dessins**, des **schémas...** Gardez votre glossaire à disposition et sortez-le aussi souvent que nécessaire lorsque vous travaillez.

Exemple en français

« Justifier » est un verbe de consigne qui revient très souvent.

1. Justifiez votre réponse en vous appuyant précisément sur le texte.

2. Justifiez votre réponse en citant précisément le texte.

3. Justifiez votre réponse.

Justifier veut dire « expliquer en faisant des phrases ».

– Soit vous expliquez votre réponse à l'aide du texte, en reprenant des exemples et des idées développé (1).

– Soit vous expliquez en citant le texte, c'est-à-dire en recopiant des passages du texte (2).

– Soit vous expliquez avec vos propres mots et idées (3).

ÉTAPE 3 Concevoir ses outils de révision

- Construisez des **tableaux** pour travailler sur les notions-clés.

Exemple en SES

Notion importante	Mots-clés associés	Exemples
Richesse	Biens, services, besoins, rareté…	Sous l'eau, l'air devient un bien économique en devenant rare.

- **Fabriquez** des sous-main, des affichages, des pense-bêtes sous forme de dessins, schémas ou graphiques.
- **Réalisez des fiches de révision** sur ordinateur, en respectant une mise en page aérée et les recommandations suivantes :
  - police Arial (taille 16 à 20 pour les dyspraxiques) ;
  - interligne 1,5 ou double ;

– alignement à gauche ;

– double espace entre les mots et format paysage pour les dyspraxiques.

- Respectez toujours la même présentation pour faciliter la lecture et avoir des repères : codes couleurs pour les titres, le vocabulaire, les dates...

ÉTAPE 4 Utiliser son temps de travail en devoirs

- **Soulignez les mots grammaticaux importants** (« après », « avant », etc.) dans les consignes, les textes.
- Utilisez tout le temps supplémentaire dont vous bénéficiez (tiers temps) :

– prenez le temps de bien comprendre les consignes, faites un schéma si cela vous aide à mieux appréhender le travail demandé. Évitez de deviner ;

– faites des pauses régulièrement en en profitant pour faire un exercice de respiration. → Voir p. 181.

Astuce
Utilisez des bouchons d'oreilles pour une meilleure concentration.

ÉTAPE 5 S'entraîner aux épreuves écrites

- **Définissez des objectifs simples en fonction de vos difficultés.**
- Pour travailler **l'organisation des idées**, la structure de la rédaction, vous pouvez :

– reconstruire un texte qui a été mis dans le désordre (*exemples : reconstruire un récit en histoire, une description d'expérience en sciences*) ;

– dicter votre production, réaliser une carte mentale ;

– reprendre vos productions écrites en ajoutant des couleurs : soulignez les idées en attribuant une couleur par grand thème. Cela vous permettra de vérifier que les idées ne sont pas mélangées.

- Pour travailler **la rédaction**, vous pouvez :

  – rédiger à partir d'amorces écrites ou orales : il s'agit de débuts de phrases pour vous aider à vous lancer dans la rédaction.

  – utiliser l'ordinateur, ce qui vous permettra de revenir plus facilement sur vos phrases, de les enrichir ou les supprimer.

- Pour réinvestir **les idées essentielles et le vocabulaire**, testez la technique du plan détaillé.

→ *Voir Plan détaillé, p. 100.*

Pour les parents !

→ Aider votre ado à identifier sa manière d'apprendre

- En tant que parent, vous jouez très certainement un rôle important au quotidien pour aider votre adolescent à apprendre, préparer ses évaluations, faire ses exercices.
- Pour préparer au mieux son année de seconde, vous pouvez, très tôt dans l'année, l'aider à mieux connaître sa manière d'apprendre. Les tests proposés au début de l'ouvrage lui permettront de distinguer son profil d'apprentissage le plus efficace actuellement.
- Il peut être aussi intéressant de l'aider à identifier ce qu'il préfère faire : c'est utile pour organiser son travail. Si votre adolescent aime particulièrement se promener dehors, pourquoi ne pas lui proposer des séances de révision à l'extérieur ?
- Identifier les choses qu'il préfère est aussi utile pour récompenser votre adolescent après une période de révision.

→ Lutter contre l'oubli par la réactivation

- Au quotidien, vous pouvez poser à votre adolescent les questions suivantes : Qu'as-tu fait aujourd'hui en cours ? Quels cours avais-tu aujourd'hui ? Qu'est-ce que tu as appris de nouveau ? Qu'est-ce qui t'a le plus intéressé aujourd'hui ?
- En lui posant ces questions, vous l'inviterez à se remémorer sa journée, ses cours, et ainsi à combattre l'oubli. La réactivation permet de maintenir les informations mémorisées en cours.

→ Aider votre ado à organiser ses outils de révision

- Encouragez votre adolescent à tester différentes méthodes pour réviser et à vous présenter ses outils de révision (plan détaillé, fiche de révision...). Faites le point avec lui sur les méthodes qui ont le mieux fonctionné.
- Quelle que soit la méthode, vous pouvez l'aider à identifier les éléments importants à retenir et à justifier ses choix : pourquoi tel événement est-il essentiel ? Quelle formule est indispensable ? Pourquoi retenir cette date et pas une autre ? Cela sera l'occasion de voir s'il est capable de faire des liens entre les informations qu'il doit retenir.

- Vous pouvez aussi aider votre adolescent à décorer son cahier, illustrer certains passages. La recherche de documents illustratifs peut se faire ensemble et permettra à votre ado d'expliquer ses choix et donc de solliciter sa mémoire.

Réviser en famille !

- Réviser en famille peut vous permettre d'allier l'utile – faire réviser votre adolescent – à l'agréable, à savoir passer du temps avec lui.
- Réviser peut toujours servir aux frères et sœurs, soit en réactivant des connaissances pour les aînés, soit en apprenant du nouveau pour les plus jeunes.
- Avant de débuter, vous pouvez faire les tests p. 12 afin d'identifier les profils d'apprentissage de la famille, cela servira de point de départ pour démarrer les révisions.

Pour les dys

a. Ce que vous devez savoir

- Faire des évaluations et passer des examens sont des épreuves très stressantes pour les adolescents présentant un trouble dys ; bien souvent, leurs résultats ne sont pas à la hauteur de ce qu'ils sont capables de faire et de ce qu'ils ont compris.
- Le trac, la peur de l'examen, mais aussi une mauvaise méthode d'apprentissage peuvent expliquer ces résultats. Il faut donc leur apprendre à s'adapter pour que le travail fourni puisse engendrer un maximum de bénéfices.

b. Comment aider votre adolescent ?

- Demandez à votre adolescent de penser à haute voix au sujet de la leçon qu'il vient d'apprendre, des devoirs qu'il a à faire, et de dire en quoi son trouble dys le gêne. Cela vous permettra d'avoir des informations sur ce qu'il trouve difficile et de lever parfois certains freins qui le gênent dans ses apprentissages.

MES NOTES

Corrigés

PACK AVENTURE

Mes enseignements de spécialité → énoncé p. 15

Ne pas aimer tous mes enseignements de spécialité		Aimer tous mes enseignements de spécialité	
Inconvénients	**Avantages**	**Inconvénients**	**Avantages**
• Me sentir démotivé • Ne pas être aligné à mes talents • Perdre mon temps • Recommencer à zéro dans 2 ans	• Acquérir une expérience et une compétence • M'aider à me connaître : je sais ce que je n'aime pas et ce que j'aime • Me poser des questions sur mon futur	• Ne pas me poser de questions • Rester dans le connu et le confortable	• Me sentir motivé • Être cohérent par rapport à moi et mes talents • Préparer mon futur en ligne avec mes spécialités

Ce qui me stresse → énoncé p. 29

Ce qui me stresse		Ce que je souhaiterais à la place	
Inconvénients	**Avantages**	**Inconvénients**	**Avantages**
• Rejet • Trahison • Stress • Fatigue	• Remise en question • Vigilance • Remettre les choses à plat • Dire des choses que je n'ose pas dire d'habitude	• Pas de remise en question • Arrogance • Perte de vigilance • Non-dits • Prise de risque	• Bien-être • Sécurité • Confiance • Reconnaissance sociale

APPRENDRE À RÉALISER UNE DISSERTATION EN FRANÇAIS

Français → *énoncé p. 87*

I. L'autoportrait semble être une composante nécessaire de l'autobiographie
1. Un passage obligé
2. Autoportrait physique et moral
3. Qui peut avoir une fonction symbolique et en dire plus qu'il n'en dit

II. Cependant on ne peut résumer l'autobiographie à un autoportrait
1. Une autobiographie raconte des événements : narration
2. Explique une vie, une personnalité
3. Autobiographie non statique, peint du mouvement

III. En fait, l'autoportrait est la toile de fond de l'autobiographie mais n'est pas l'autobiographie
1. Un des buts de l'autobiographie est la peinture de soi
2. Mais autoportrait physique et moral ne peuvent résumer un être
3. Qui est aussi modelé par ses expériences

APPRENDRE À RÉALISER UN COMMENTAIRE EN FRANÇAIS

Français → *énoncé p. 90*

L'*incipit* des *Mémoires d'une jeune fille rangée* de Simone de Beauvoir est un véritable récit des origines. C'est d'abord un récit chronologique. Ensuite c'est un récit centré sur le « je ». Enfin c'est un récit qui prend en compte l'origine de l'auteur.

Tout d'abord, le récit est organisé de façon chronologique. De nombreuses notations spatio-temporelles l'inscrivent dans une chronologie donnée, celle de la première enfance : « quatre heures du matin, le 9 janvier 1908 », « chambre », « boulevard Raspail », « l'été suivant », « deux ans et demi », « dans mes premières années », « ma toute petite enfance ».

Ensuite, le récit est centré sur le « Je ». L'autrice se présente comme la narratrice et le personnage de son récit. On a de très nombreuses occurrences de la première personne. Les imparfaits renvoient au temps de l'enfance : « j'étais fière d'être l'aînée », « je me blottissais », « je regardais ». La narratrice assume cette enfant qu'elle a été au point de l'évoquer par un procédé de réactualisation (utilisation du présent) : « je suis née », « j'ai deux ans et demi ».

Enfin, le récit inscrit l'origine de l'autrice dans une filiation. Le cercle familial est mentionné : parents, grand-père, oncles, tantes à travers les photos de famille. Les rapports de parenté sont présentés comme des repères stables autour desquels s'organise la personnalité de l'enfant. L'attachement à ces repères est marqué par les possessifs « mes parents », « mon grand-père », « mon père », « ma mère », « maman »... D'ailleurs, les possessifs disparaissent quand la distance affective est marquée « des oncles », « des tantes », « une petite sœur », « ce poupon ». Le milieu social – la bourgeoisie – est aussi évoqué par les costumes « robes longues », « coiffés de canotiers et de panamas », par le lieu « la salle à manger Henri II ».

Cette page s'efforce donc de raconter la petite enfance de S. de Beauvoir. Cette entreprise autobiographique repose sur des supports, mais n'est pas dénuée de faiblesses.

APPRENDRE À RÉALISER UNE COMPOSITION

Géographie → *énoncé p. 92*

1. Quels sont les principaux acteurs du tourisme mondial ?

Hors sujet, cette problématique ne tient pas compte des espaces, ici les grands pôles.

2. Les grands pôles du tourisme sont-ils représentatifs des inégalités mondiales et de leurs évolutions ?

Problématique possible reliée à la question des inégalités dans le monde.

3. Pourquoi le tourisme mondial s'est-il développé ?

Hors sujet, cette problématique n'est pas reliée aux espaces et leurs aménagements. Plutôt que de poser la question du « pourquoi » en géographie, poser la question du « comment ».

Autres problématiques possibles

Comment ont émergé les grands pôles du tourisme mondial ? Quels atouts, quels aménagements ont été nécessaires qui les ont rendus attractifs ?

APPRENDRE À RÉALISER UN CROQUIS EN GÉOGRAPHIE

Géographie → *énoncé p. 93*

Titre du croquis : La fragmentation de l'espace urbain à Rio.

Premier plan (orange) : bidonville (favelas), occupation illégale de la colline.

Deuxième plan (rouge) : quartiers des affaires, quartiers touristiques, urbanisation légale et contrôlée.

Troisième plan (jaune) : front de mer (plage).

Quatrième plan (bleu) : la mer.

Maths → *énoncé p. 95*

3. Tableau de signes

x	$-\infty$		-3		6		$+\infty$
$x-6$		$-$		$-$	0	$+$	
$x+3$		$-$	0	$+$		$+$	
$(x-6)(x+3)$		$+$	‖	$-$	0	$+$	

4. Tableau de variations

x	$-\infty$	-3	$1{,}5$	6	$+\infty$
$f(x)$	↘	0 ↘	$-20{,}25$	↗ 0	↗

5. Graphique

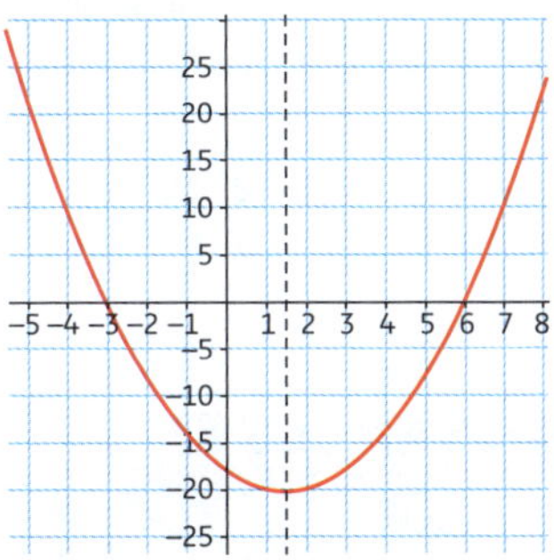

APPRENDRE À EXPLOITER UN GRAPHIQUE

Physique → *énoncé p. 96*

1. Le graphique représente l'évolution de la température (ordonnée) de l'eau lors de son changement d'état représenté dans le temps (abscisse).

2. On repère trois zones dans ce graphique. Ces trois zones représentent les trois états de l'eau.

– Dans la zone 1, l'eau est à l'état solide, car la température est inférieure à sa température de fusion Tf = 0 °C.

– Dans la zone 2, c'est un mélange d'eau à l'état liquide et d'eau à l'état solide, le changement d'état est en train de se dérouler.

– Dans la zone 3, l'eau est à l'état liquide car T > Tf.

APPRENDRE À RÉALISER UNE ÉPREUVE COMPOSÉE EN SES

SES → *énoncé p. 98*

1. Le document est un diagramme qui a été publié par le ministère de l'Éducation nationale en 2016.

2. Le document présente l'évolution de la proportion de bacheliers par génération de 1980 à 2017.

3. On constate une forte progression de la part de bacheliers dans une génération sur la période. En effet, ils étaient 25 % à obtenir un bac en 1980, ils sont près de 80 % à l'obtenir en 2017, soit plus du triple. La première phase d'augmentation s'étale sur la période 1985-1995, période durant laquelle tous les bacs progressent de façon similaire : la proportion de bacheliers dans une génération double.

Après 1995, on assiste à une stabilisation de cette proportion, jusqu'en 2010, date à partir de laquelle on constate une hausse légère pour les bacs généraux et technologiques, plus nette pour les bacs professionnels (+ 15 points de pourcentage).

Sur la période 1980-2017, on assiste donc à un accès plus important des jeunes au bac, notamment grâce à la création (en 1987) et au développement des bacs professionnels.

En 1980, les bacs généraux représentaient près des 3/4 des bacheliers d'une génération ; ils n'en représentent qu'à peine plus de la moitié (41,3 % par rapport à 80 %) en 2017.

APPRENDRE À RESTITUER SES CONNAISSANCES EN SVT

SVT → *énoncé p. 100*

I. Le cycle des ovaires

Les ovaires sont le lieu du développement des follicules qui contiennent les ovocytes. À chaque cycle (d'une durée moyenne de 28 jours) un follicule se développe (phase folliculaire), libère son ovocyte = ovulation (14 jours avant les règles du cycle suivant) puis se transforme en corps jaune avant de dégénérer s'il n'y a pas fécondation (phase lutéale).

II. Le cycle de l'utérus

La muqueuse de l'utérus se développe et se vascularise afin d'accueillir l'embryon (nidation). Si la fécondation n'a pas lieu, la muqueuse de l'utérus est détruite en partie. C'est le phénomène des règles.

III. La synchronisation des cycles par les hormones ovariennes

Ce sont des hormones (œstrogènes et progestérone) libérées de façon cyclique par les ovaires qui permettent la synchronisation des cycles ovariens et utérins.

Le follicule produit des œstrogènes qui favorisent la reconstruction de la muqueuse utérine après les règles. Le corps jaune produit ensuite de la progestérone et des œstrogènes qui permettent à la muqueuse de l'utérus d'accueillir l'embryon au moment de la nidation.

Conclusion

La production des hormones (œstrogènes et progestérone) par l'ovaire permet la synchronisation des cycles utérins et ovariens. Ce rôle de « chef d'orchestre » joué par les ovaires permet d'assurer la préparation d'une éventuelle grossesse.

Il nous reste maintenant à comprendre ce qui permet le contrôle de la production de ces hormones ovariennes notamment le rôle du complexe hypothalamo-hypophysaire.

LA CARTE MENTALE

Maths → *énoncé p. 105*

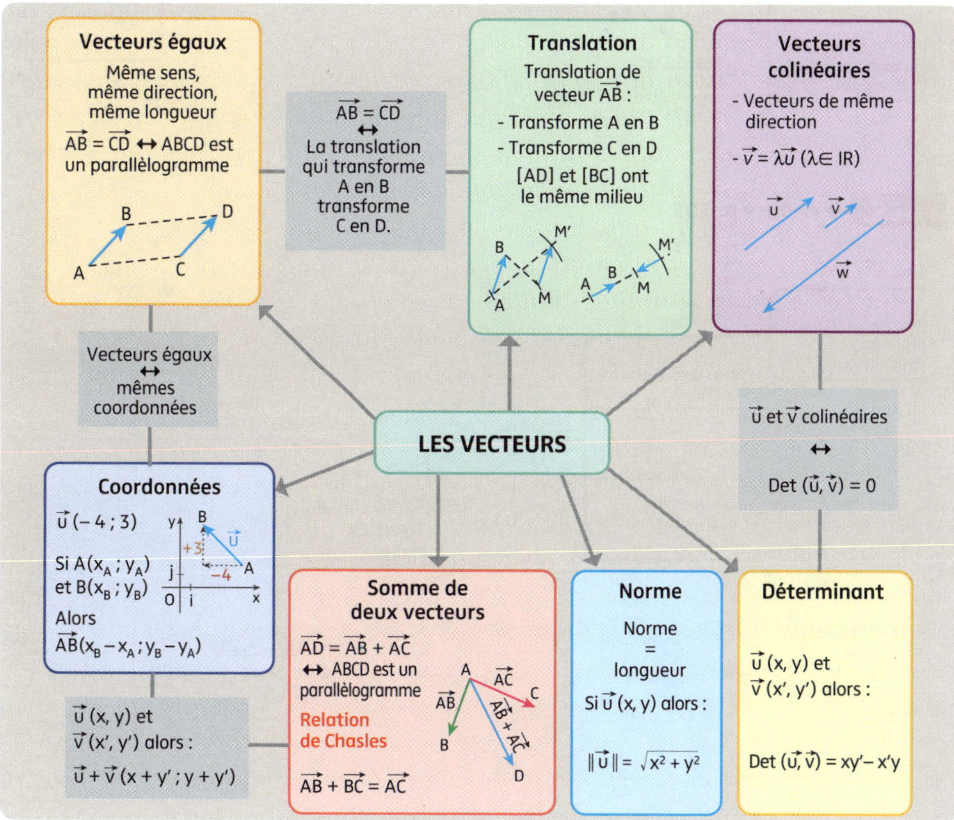

Français → énoncé p. 105

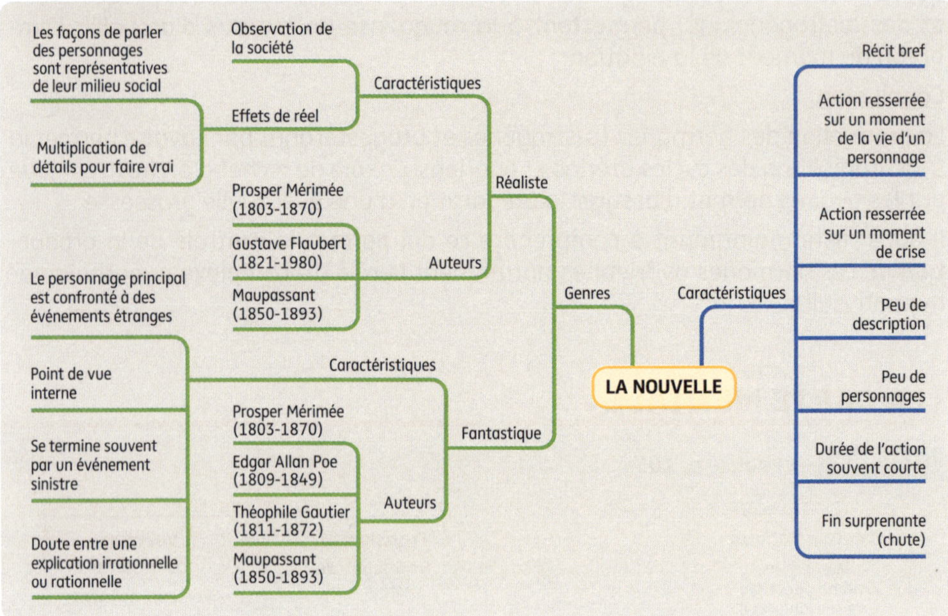

SES → énoncé p. 105

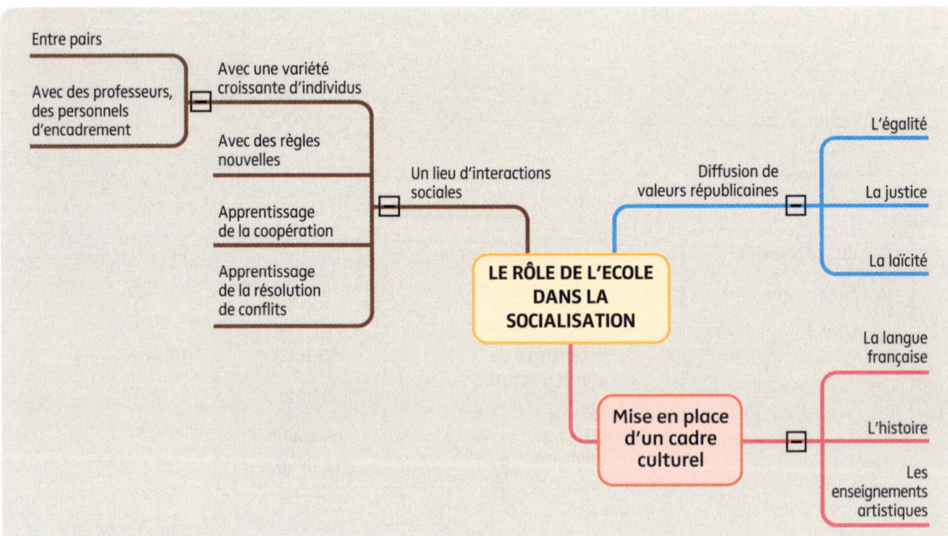

L'ENREGISTREMENT

Histoire → *énoncé p. 109*

Les conquêtes et affrontements

- La conquête de l'empire aztèque et inca se fait rapidement, entre 1521 et 1534. La rapidité des conquêtes s'explique par les maladies importées par les Européens, qui ont décimé les populations indiennes, désorganisant ainsi les sociétés et leur capacité à lutter. Par ailleurs, les Européens ont provoqué un effet de surprise, notamment avec leurs armes.
- Tout le continent n'est pourtant pas conquis, l'Amérique du Nord et le centre de l'Amérique du Sud restent en dehors du contrôle européen.

L'évolution du peuplement amérindien

- Le peuplement amérindien chute de manière spectaculaire avec la colonisation des Amériques. On estime aujourd'hui que les deux tiers des Indiens ont disparu en un siècle. Cet effondrement démographique s'explique par les violences auxquelles sont soumises les populations, notamment le travail forcé et les déplacements de population, mais surtout par un choc microbien qui a provoqué de nombreuses épidémies. En effet, les Indiens n'ont pas les anticorps nécessaires pour résister aux maladies qu'apportent les Européens (la variole ou la grippe par exemple).

Le peuplement européen et le métissage

- Au cours du XVIe siècle, les rois d'Espagne et du Portugal commencent à organiser les territoires conquis en colonies. En Amérique espagnole par exemple, le système de *l'encomienda* est mis en place. Les terres et les Indiens qui y vivent sont confiés par le roi à des Espagnols. Ces derniers doivent contrôler et faire travailler les Indiens. Beaucoup d'Indiens sont alors convertis au catholicisme.
- L'instauration des colonies favorise le peuplement européen ; Espagnols et Portugais affluent. Cela favorise le métissage des populations, avec notamment des mariages mixtes entre Européens et Indiens.

SES → *énoncé p. 109*

- La socialisation est un processus qui débute dès l'enfance. La famille joue un rôle essentiel dans la *socialisation primaire*, c'est-à-dire dans l'apprentissage des normes et des valeurs qui ont lieu pendant l'enfance. Mais cette socialisation ne s'arrête pas à l'enfance, elle se poursuit à l'âge adulte ; on parle alors de *socialisation secondaire*.
- Pendant la petite enfance, la famille joue donc un rôle primordial dans cette socialisation qui s'effectue au quotidien avec les parents. Ces derniers apprennent explicitement à leurs enfants les principes de base de la vie en société : le langage, la propreté, l'obéissance, la politesse, des principes moraux...
- Pour de nombreux sociologues, l'influence de la famille est profonde et durable sur la personnalité des individus. Le sociologue Pierre Bourdieu parle d'*habitus* pour désigner tous les éléments transmis et acquis par les individus pendant leur enfance et qui influencent ensuite leur vie d'adulte : goûts artistiques, opinions politiques, manière de manger...
- Mais ce courant déterministe ne fait pas l'unanimité. D'autres sociologues pensent que la famille, si elle joue un rôle important, ne participe que temporairement à la construction sociale des individus. D'autres facteurs et acteurs interviennent comme les groupes de pairs, les médias...

LES VIDÉOS

Géographie → *énoncé p. 111*

Trois grandes parties

1. Un état des lieux des ressources en eau sur Terre
2. L'accessibilité des ressources en eau et ses conséquences
3. L'utilisation des ressources en eau dans le monde

Questions

Où trouve-t-on des ressources en eau douce sur Terre ?

Combien de personnes n'ont pas accès à l'eau dans le monde ?

Combien de personnes n'ont pas accès à une eau potable dans le monde ?

Qu'est-ce qu'une maladie hydrique ? Citez des exemples.

Comment est utilisée l'eau potable dans le monde ?

Qu'est-ce que l'eau virtuelle ? Citez un exemple.

Physique → *énoncé p. 111*

- **Reprise de volée**

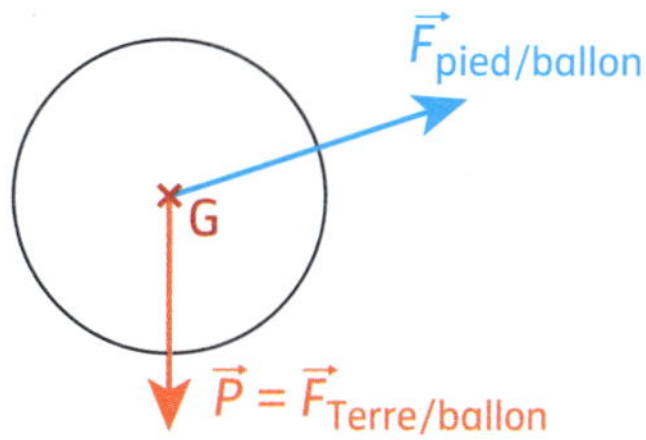

- **Coup franc**

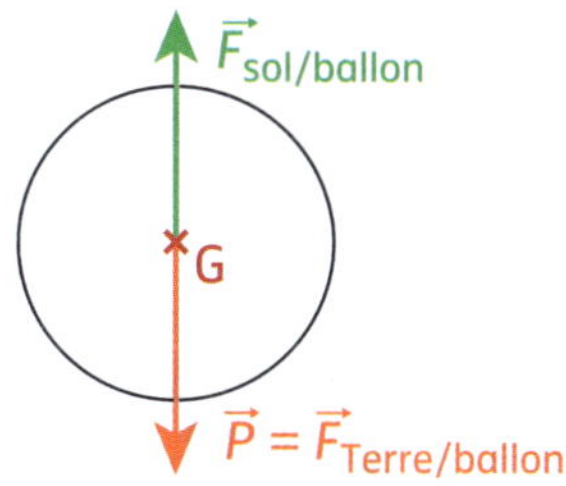

LA MÉTHODE DES *LOCI*

SVT → *énoncé p. 114*

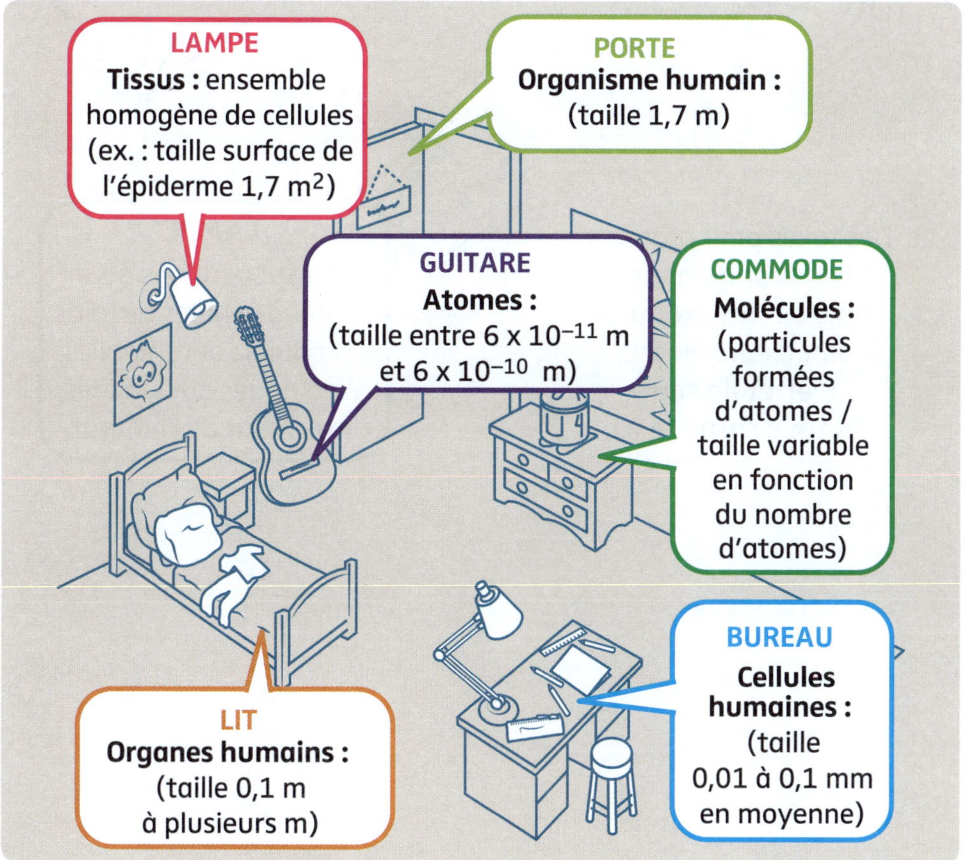

SES → *énoncé p. 114*

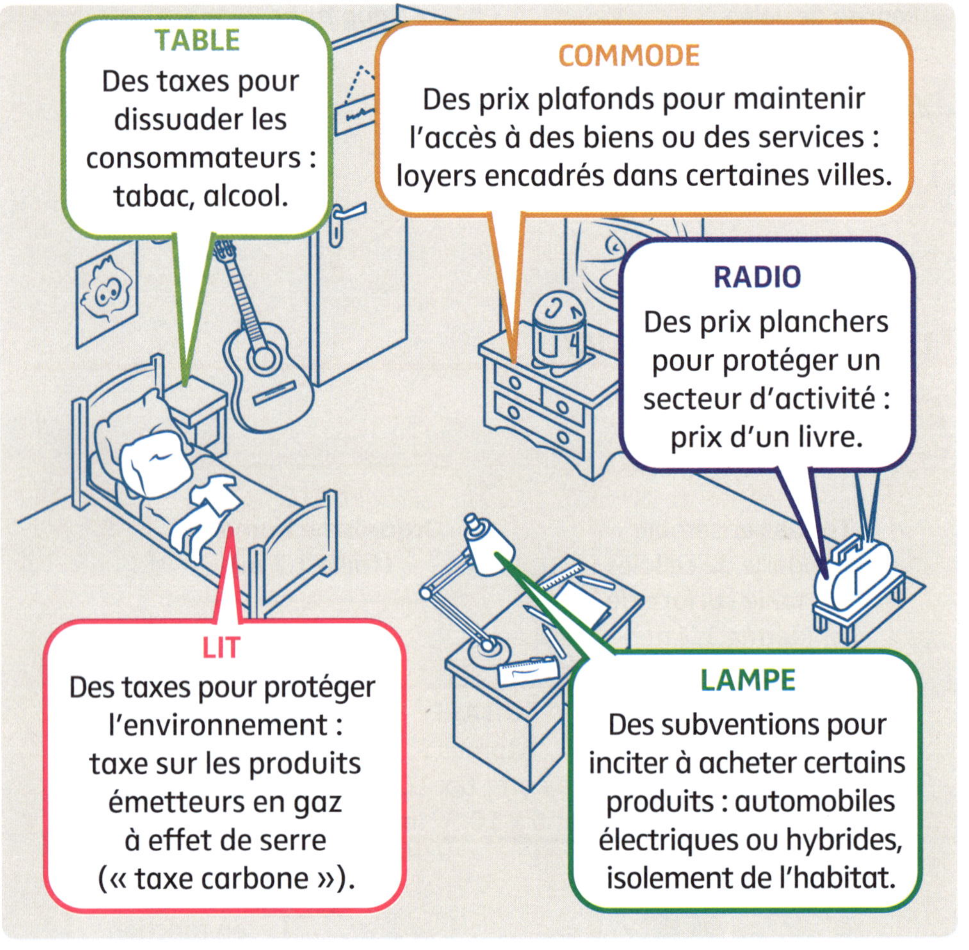

Chimie → *énoncé p. 114*

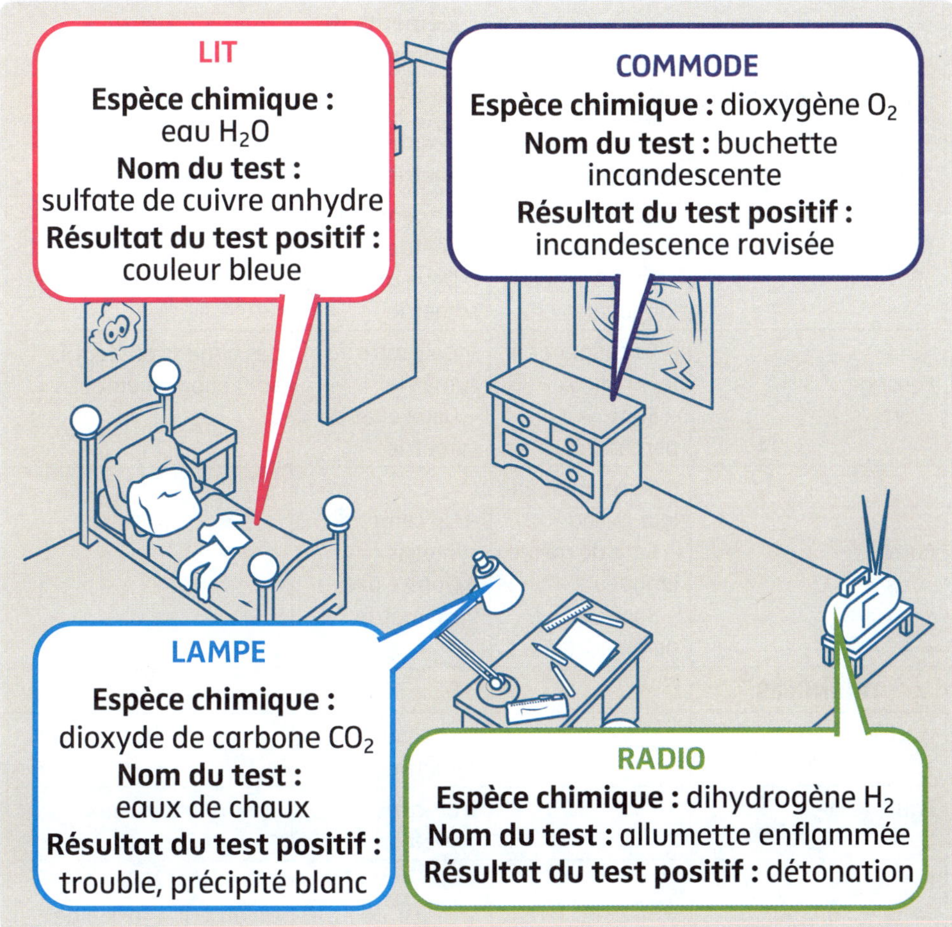

Maths → *énoncé p. 114*

	Diagonales	Éléments de symétrie	Autre
QUADRILATÈRES			
Parallélogramme [Miroir]	Se coupent en leur milieu	Un centre de symétrie	Les angles consécutifs sont supplémentaires
Rectangle [Poster]	– Se coupent en leur milieu – Sont de même longueur	– Un centre de symétrie – Deux axes de symétrie	
Losange [Cerf-volant]	– Se coupent en leur milieu – Sont perpendiculaires	– Un centre de symétrie – Deux axes de symétrie	Les angles consécutifs sont supplémentaires
Carré [oreiller]	– Se coupent en leur milieu – Sont de même longueur – Sont perpendiculaires	– Un centre de symétrie – Quatre axes de symétrie	
TRIANGLES			
Isocèle [Équerre (trousse)]		Un axe de symétrie	Angles à la base égaux
Équilatéral [Lampe]		Trois axes de symétrie	Trois angles égaux
Rectangle [Angle d'un mur de la chambre]			Centre du cercle circonscrit = milieu de d'hypoténuse

L'ÉCRITURE

Français → *énoncé p. 117*

Le discours argumentatif : enjeux, composition et formes.

Le discours argumentatif cherche à **emporter l'adhésion** de son ou ses destinataires. Il cherche à les **convaincre** en s'adressant à leur raison, à les **persuader** en suscitant leurs émotions.

Il est composé d'une **thèse** (idée défendue par l'auteur), **d'arguments** (ce qui permet d'appuyer la thèse) et **d'exemples** (ce qui permet d'illustrer concrètement les arguments).

On trouve ce type de discours dans des essais, pamphlets, plaidoyers, articles de presse, dialogues, lettres... On parle **d'argumentation directe**. On le trouve aussi dans des œuvres de fiction : fable, conte, roman... On parle **d'argumentation indirecte**.

Maths → *énoncé p. 117*

Domaine de définition, parité

La fonction f : $x \rightarrow x^2$ est définie sur $\mathbb{R}$.

C'est une fonction paire, ce qui signifie que, pour tout $x \in \mathbb{R}$:

$f(-x) = f(x)$. Par exemple, $f(-5) = 25$ et $f(5) = 25$.

Images, antécédents

L'image de tout nombre réel par la fonction f est positive. En effet : « Le carré d'un nombre réel est toujours positif ».

Tout nombre réel strictement positif possède exactement deux antécédents : $\sqrt{y}$ et $-\sqrt{y}$.

Autrement dit, l'équation $f(x) = y$ possède :

- si $y < 0$ → aucune solution
- si $y = 0$ → une unique solution : $x = 0$
- si $y > 0$ → deux solutions : $x = \sqrt{y}$ ou $x = -\sqrt{y}$

Variations

La fonction carré est décroissante sur] - ; 0] et croissante sur [0 ; + [

Son tableau de variation est le suivant :

$-\infty$	0	$+\infty$
$+\infty$ ↘		↗ $+\infty$
	0	

Représentation graphique

Sa courbe représentative est une parabole,
qui admet l'axe des ordonnées comme axe de symétrie.

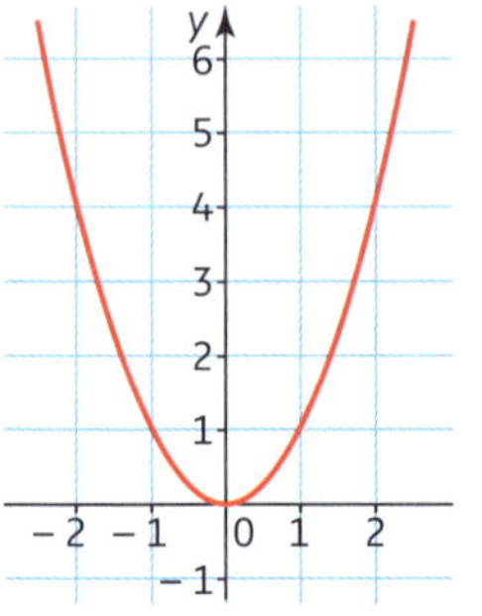

Chimie → *énoncé p. 117*

- **Un spectre d'émission est un spectre produit par une source primaire de lumière.** On l'obtient en utilisant un prisme ou un réseau (film transparent gravé de traits fins parallèles).
- On distingue **deux types de spectres d'émission** selon la lumière utilisée.

  Si on utilise de la lumière blanche, on obtient un **spectre continu** formé d'une bande colorée unique constituée d'une infinité de rayonnements monochromatiques différents.

  Si on utilise une lumière émise par un gaz, on obtient un **spectre de raies** formé de quelques raies colorées sur un fond noir. Le spectre de raies est caractéristique de l'atome ou de l'ion qui émet la lumière.
- **La température a une influence sur les spectres continus**. Quand la température de la source lumineuse augmente, le spectre s'enrichit progressivement vers le violet. Quand la température de la source lumineuse diminue, le spectre s'enrichit progressivement vers le rouge.

LA MÉMORISATION ACTIVE

Histoire → *énoncé p. 119*

Connaissances à mémoriser (sous forme de questions, de texte à trous)	Réponse cachée
Quelles sont les trois civilisations que l'on retrouve en Méditerranée au XIIe siècle ?	– L'empire byzantin, héritier de l'empire romain – Un monde musulman – L'Occident médiéval en plein essor
L'empire romain a survécu dans sa partie orientale devenue l'empire .... À Constantinople règne le .... après le schisme d .... d'avec la papauté romaine catholique. Il est couronné dans la basilique de .... Au XIIe siècle, assiégé par l'Islam, il ne s'étend plus que sur une partie de l'Asie Mineure et les Balkans, Grèce comprise.	L'empire romain a survécu dans sa partie orientale devenue l'empire byzantin. À Constantinople règne le *basileus* après le schisme de 1054 d'avec la papauté romaine catholique. Il est couronné dans la basilique de Sainte-Sophie. Au XIIe siècle, assiégé par l'Islam, il ne s'étend plus que sur une partie de l'Asie Mineure et les Balkans, Grèce comprise.
Qu'est-ce qu'un calife ?	C'est un souverain musulman, successeur de Mohamed, qui détient le pouvoir politique et spirituel.
Les conflits dans l'espace méditerranéen au XIIe siècle.	– La Reconquista de la Péninsule ibérique par les souverains du nord de l'Espagne assistés de la chevalerie franque. – Huit croisades menées entre 1095 et 1254. – Dans l'empire byzantin, l'opposition contre la domination vénitienne, couplée aux divisions religieuses entre catholiques et orthodoxes, entraîne arrestations et massacres.
Qu'est-ce qu'une croisade ?	C'est un pèlerinage armé mené au Moyen-Âge par les chevaliers européens dans le but de contrôler la Palestine où vécut Jésus.

Maths → *énoncé p. 119*

Calcul numérique		
Connaissance à mémoriser (sous forme de question, de texte à trous)	**Réponse cachée**	**Exemple**
$\sqrt{a} \times \sqrt{b}$ = ……..	$\sqrt{a \times b}$	$\sqrt{25} \times \sqrt{4} = \sqrt{100}$
$a^n \times a^m$ = ……..	a^{n+m}	$3^2 \times 3^3 = 3^5$
$\frac{1}{5}$ = …….. $\frac{3}{5}$ = ……..	$\frac{1}{5} = 0{,}2$ $\frac{3}{5} = 0{,}2$	
$\sqrt{a^2}$ = ……..	$\|a\|$	$\sqrt{(-5)^2} = 5$
$\frac{a^n}{a^m}$ = ……	a^{n-m}	$\frac{5^7}{5^3} = 5^4$
$\frac{1}{3} \approx$ …….. $\frac{2}{3} \approx$ ……..	$\frac{1}{3} \approx 0{,}33$ $\frac{2}{3} \approx 0{,}67$	
$\sqrt{k^2 \times a}$ = ……	$\|k\| \sqrt{a}$	$\sqrt{72} = \sqrt{36 \times 2} = 6\sqrt{2}$
$a^n \times b^n$ = ……..	$(a \times b)^n$	$2{,}5^2 \times 100 = 10^2 = 4^2$
Que vaut $\frac{a}{c} + \frac{b}{c}$?	$\frac{a+b}{c}$	$\frac{3}{11} + \frac{5}{11} = \frac{8}{11}$
Le carré d'un nombre est toujours …………….	positif	$(-9)^2 = 81$
Que vaut $\frac{a}{c} \times \frac{b}{d}$?	$\frac{a \times b}{c \times d}$	
Une puissance d'un nombre négatif dont l'exposant est ……………. est un nombre négatif.	impair	$(-2)^5 = -32$
Diviser par une fraction revient à ……………. par son …………….	Diviser par une fraction revient à **multiplier** par son **inverse.**	$\frac{4}{7} : \frac{3}{5} = \frac{4}{7} \times \frac{5}{3} = \mathbf{\frac{20}{21}}$

Français → énoncé p. 119

Le théâtre		
Connaissance à mémoriser sous forme de question		**Réponse cachée**
Le théâtre	Qu'est-ce que le théâtre en 4 mots ?	1. Des hommes et des femmes 2. Des textes 3. Des lieux 4. Un spectacle
Le texte de théâtre	Qu'est-ce qu'un monologue ?	Le personnage parle seul sur scène.
	Qu'est-ce qu'une tirade ?	Longue réplique prononcée par un personnage.
	Qu'est-ce qu'une stichomythie ?	Enchaînement de répliques brèves traduisant souvent une situation de conflit.
	Qu'est-ce qu'une didascalie ?	Indication scénique destinée aux acteurs, au metteur en scène, au lecteur. Elle peut indiquer le lieu, la façon de parler des personnages, leur position, leurs gestes... C'est tout ce qui n'est pas dit par les personnages.
	Qu'est-ce qu'un aparté ?	C'est une réplique dite « à part », c'est-à-dire à voix haute, mais sans que les autres personnages présents sur scène ne l'entendent. Elle s'adresse en réalité au public.
	En quoi est divisé le texte de théâtre ?	1. En actes 2. En scènes
	Qu'est-ce qu'une scène d'exposition ?	C'est le début de la pièce, le moment où l'auteur présente les personnages, l'intrigue...
	Qu'appelle-t-on la « double énonciation » ?	Il s'agit de la situation particulière de l'énonciation au théâtre. Les paroles échangées par les comédiens sur scène s'adressent à la fois aux personnages et aux spectateurs.

Les genres et courants littéraires	Quelles sont les caractéristiques de la comédie classique?	1. Sujet pris dans le quotidien (mariage...). 2. Les personnages sont issus du peuple (bourgeois, paysans...) et correspondent à des types traditionnels (le vieillard jaloux, le valet rusé...). 3. Langage courant, prose. 4. Finit bien. 5. Son but est de se moquer, dénoncer, divertir.
	Quelles sont les caractéristiques de la tragédie classique ?	1. Il est question de grands sentiments : amour, haine, jalousie, vengeance, poids du destin... 2. Personnages de sang royal. 3. Langage soutenu, vers. 4. Finit mal. 5. Son but est de faire ressentir au spectateur des sentiments violents pour le purger de ses passions. 6. Unité de temps, de lieu et d'action. 7. La vraisemblance. 8. La bienséance.
	Quelles sont les caractéristiques du drame romantique ?	1. Il est caractérisé par le mélange des genres et des registres. 2. Il mêle des personnages de milieux sociaux très différents. 3. Il tire ses sujets de l'Histoire. 4. Rejet de la règle des trois unités et de la vraisemblance.
	Qu'appelle-t-on le théâtre de l'absurde ?	1. Il se définit par l'expression de l'absurdité de la condition humaine. 2. Ses thèmes sont la solitude de l'Homme, le silence du monde, l'attente, l'insignifiance du langage...

Auteurs	Pouvez-vous citer quelques auteurs célèbres de tragédies classiques ainsi qu'une de leur pièce ?	Pierre Corneille : *Suréna, Cinna, Polyeucte* (XVIIe siècle) Jean Racine : *Phèdre, Britannicus, Andromaque* (XVIIe siècle)
	Pouvez-vous citer quelques auteurs célèbres de comédies classiques ainsi qu'une de leurs pièces ?	Molière : *Le Malade imaginaire, Tartuffe* (XVIIe siècle) Marivaux : *Le Jeu de l'amour et du hasard, Les Fausses Confidences* (XVIIIe siècle) Beaumarchais : *Le Mariage de Figaro* (XVIIIe siècle)
	Pouvez-vous citer quelques auteurs célèbres de drames romantiques ainsi qu'une de leurs pièces ?	Victor Hugo : *Ruy Blas, Hernani* (XIXe siècle) Alfred de Musset : *Lorenzaccio* (XIXe siècle) Alfred de Vigny : *Chatterton* (XIXe siècle)
	Pouvez-vous citer quelques auteurs célèbres du théâtre de l'absurde ainsi qu'une de leurs pièces ?	Ionesco : *Rhinocéros* (XXe siècle) Alfred Jarry : *Ubu roi, Le roi se meurt* (XXe siècle) Samuel Beckett : *En attendant Godot* (XXe siècle)

Géographie → *énoncé p. 119*

Connaissances à mémoriser sous forme de questions	Réponse cachée
Que signifie austral et par extension Afrique australe ?	« Austral » signifie qui est du côté du pôle Sud et par extension, Afrique australe désigne le Sud du continent africain.
Quels pays composent l'Afrique australe ?	On considère le plus souvent qu'elle est constituée de dix pays : l'Afrique du Sud, l'Angola, le Botswana, l'Eswatini, le Lesotho, le Malawi, le Mozambique, la Namibie, la Zambie et le Zimbabwe.
Quels sont les milieux naturels ?	Milieux variés en raison de l'immensité du territoire : milieux méditerranéens et tropicaux.
Quelles sont ses principales ressources ?	L'Afrique australe est avant tout « l'Afrique minière ». Elle concentre parmi les plus importants gisements au monde : or, platine, cuivre, uranium, charbon, hydrocarbures.
À quel défi doit faire face l'Afrique australe ?	L'Afrique australe est très touchée par le réchauffement climatique. La sécheresse déplace les zones de végétation, diminue les récoltes, ce qui a des conséquences graves sur les populations et la faune.

LA FICHE DE RÉVISION

Maths → *énoncé p. 121*

Règle n° 1 : La probabilité d'un événement est toujours comprise entre 0 et 1 $\boxed{0 < p < 1}$

Règle n° 2 : La somme des probabilités de tous les événements élémentaires est égale à 1 $\boxed{p_1 + p_2 + p_3 + \dots\dots + p_n = 1}$

Exemple : Lorsqu'on lance une pièce équilibrée, p(Face) = p(Pile) = 0,5 + 0,5 = 1

Règle n° 3 : On note A l'événement contraire de l'événement A. $\boxed{p(\bar{A}) = 1 - p(A)}$

Exemple : On lance deux fois une pièce équilibrée, et on note F l'événement « la pièce est tombée 2 fois sur face ». La probabilité de cet événement est 1/4.

L'événement contraire Fest : « la pièce est tombée au moins une fois sur pile ».

$p(\bar{F}) = 1 - p\,(F) = \frac{3}{4}$

Règle n° 4 : Pour une expérience équiprobable présentant *n* événements élémentaires, chaque événement élémentaire a pour probabilité : $\boxed{p = \frac{1}{n}}$

Exemple : On lance un dé équilibré à 6 faces. p(1) = p(2) = p(3) = p(4) = p(5) = $p(6) = \frac{1}{6}$

Règle n° 5 : Si on note E l'univers d'une expérience aléatoire équiprobable, et A un événement de E, alors : $\boxed{p(A) = \frac{\text{nombre d'issues de A}}{\text{nombre d'issues de B}}}$

Exemple : On choisit au hasard une lettre du mot « OISEAU ». La probabilité de tirer une voyelle est : $P(V) = \frac{5}{6}$

Règle n° 6 : Pour tous événements A et B : $\boxed{p(A \cup B) = p(A) + p(B) - p(A \cap B)}$

Exemple : On tire une carte dans un jeu de 32 cartes.

$P\,(\text{7 ou cœur}) = p\,(7) + p(\text{cœur}) - p\,(\text{7 de cœur}) = \frac{4}{32} + \frac{8}{32} - \frac{1}{32} = \frac{11}{32}$

Français → *énoncé p. 121*

Quand ?

1920-1960

Mouvement littéraire et artistique né après la Première Guerre mondiale.

Quoi ?

Le surréalisme se définit par le refus de toutes constructions logiques de l'esprit et des valeurs établies. Ses thèmes sont l'irrationnel, l'inconscient, le rêve, le désir, l'amour fou, la révolte... Les surréalistes, influencés par les travaux de Freud sur l'inconscient veulent explorer le « surréel ». Ils créent ainsi des images en rapprochant des réalités très éloignées voire contradictoires qui échappent à toute logique.

Qui ?

Artistes et œuvres

Écrivains

– André Breton, *Les Champs magnétiques* (1920), *Nadja* (1928)
– Philippe Soupault, *Les Champs magnétiques* (1920)
– Louis Aragon, *Le Paysan de Paris* (1926)
– Paul Éluard, *Capitale de la douleur* (1927)
– Robert Desnos, *Corps et biens* (1930)

Peintres, photographes, cinéastes

– Max Ernst, *Les Hommes n'en sauront rien* (1923)
– Salvador Dalí, *La Persistance de la mémoire* (1931)
– Pablo Picasso, *La Danse* (1925)
– René Magritte, *Le Sens de la nuit* (1927)
– Man Ray, *Le Violon d'Ingres* (1924)
– Louis Buñuel, *Un chien andalou* (1929)

LES CARTES MÉMOIRE

Géographie → énoncé p. 123

Recto/ question	Verso/réponse
Migration	Déplacement souvent sur une longue durée et une longue distance
Mobilité	Toute forme de déplacement
Migrant	Personne qui se déplace d'un lieu à un autre avec pour objectif de s'y installer à long terme
HCR	Haut Commissariat aux Réfugiés, agence de l'ONU créée dès 1945
Réfugié	Personne fuyant son pays et cherchant refuge dans un autre, même temporairement
Touriste	Personne qui quitte son domicile, pour des raisons personnelles ou professionnelles pour une durée supérieure à 24 h
Les différents types de tourisme	Tourisme balnéaire Tourisme culturel Tourisme d'affaires

Recto/ question	Verso/réponse
Réfugié climatique	Personne contrainte de quitter son territoire suite aux effets du réchauffement climatique
Le pôle touristique majeur à l'échelle mondiale	Les États-Unis se classent 2e en nombre d'arrivées touristiques, et 1er en chiffre d'affaires. Ils accueillent environ 75 millions de touristes internationaux.
Espaces d'accueil des migrants	Les pays d'accueil sont situés au Nord, dans des pays émergents et des pays pétroliers.

SES → *énoncé p. 123*

Recto/question	Verso/réponse
Qui produit les richesses ?	– Les entreprises (secteurs primaire, secondaire et tertiaire) – Les administrations publiques – Les associations
Association	Regroupement d'individus qui décident de mettre en commun des moyens afin d'exercer une activité ayant un but premier autre que leur enrichissement personnel
Entreprise	Organisation productive dont l'objectif est de réaliser des bénéfices
Facteurs de production	Moyens de production durables : travail, capital et ressources naturelles

Recto/question	Verso/réponse
Le capital fixe comprend les moyens de production détruits ou transformés lors du processus de production. Vrai ou faux ?	**Faux** Ce sont les moyens de production durables matériels (machines, locaux) ou immatériels (logiciels et brevets).
Travail	Activités humaines socialement organisées dans le but de produire des richesses et donnant lieu à une rémunération
La production marchande est composée des biens et services dont la vente permet de dégager un profit. Vrai ou faux ?	**Vrai** Il y aussi la production non marchande : biens et services destinés à être offerts ou vendus à un prix très inférieur aux coûts de production.
Que fournissent les administrations publiques ?	**Production non marchande** Elles fournissent des biens et services gratuits ou quasi gratuits à la population et aux entreprises.

Français → *énoncé p. 123*

Recto/question	Verso/réponse
La comparaison	*« Il pleut sans cesse sur Brest* ***comme*** *il pleuvait avant »* (Prévert) **Figure de style fondée sur la ressemblance**
La métaphore	*« Sous* ***cette pluie de fer/ De feu d'acier de sang*** *»* (Prévert) **Figure de style fondée sur la ressemblance**
La personnification	*« Cette* ***pluie sage et heureuse*** *»* (Prévert) **Figure de style fondée sur la ressemblance**
L'allégorie	*« Je vis* ***cette faucheuse****, elle était dans son champ. / Elle allait à grands* ***pas moissonnant et fauchant*** *»* (= La mort) (Hugo) **Figure de style fondée sur la ressemblance**
La métonymie	*«Ni* ***les voiles*** *au loin descendant vers Harfleur »* (Hugo) **Figure de style fondée sur la substitution**
La périphrase	*La cité phocéenne (= Marseille)* **Figure de style fondée sur la substitution**
L'anaphore	*« Rappelle-toi Barbara »* (Prévert) revient à plusieurs reprises tout le long du poème **Figure de style fondée sur l'amplification**
Le pléonasme	*Monter en haut/ descendre en bas* **Figure de style fondée sur l'amplification**
Le parallélisme	*« J'irai par la forêt, j'irai par la montagne »* (Hugo) **Figure de style fondée sur l'amplification**
L'accumulation	*« Ruisselante ravie épanouie »* (Prévert) **Figure de style fondée sur l'amplification**
Le chiasme	*« Vous êtes aujourd'hui ce qu'autrefois je fus »* (Corneille) **Figure de style fondée sur l'opposition**
L'antithèse	*« Vingt et trois amoureux* ***de vivre à en mourir*** *»* (Aragon) **Figure de style fondée sur l'opposition**
L'oxymore	*«* ***Le soleil noir*** *de la Mélancolie «* (Nerval) **Figure de style fondée sur l'opposition**
L'hyperbole	*Mourir de honte* **Figure de style fondée sur l'amplification**
L'euphémisme	*Il s'est éteint* (= il est mort) **Figure de style fondée sur l'atténuation**
La litote	*« Va je ne te hais point »* (Corneille) **Figure de style fondée sur l'atténuation**
L'antiphrase	*Bravo ! C'est une réussite !* pour dire de façon ironique qu'il s'agit d'un échec. **Figure de style fondée sur la substitution**

Maths → *énoncé p. 123*

Recto/question	Verso/réponse
Les courbes	
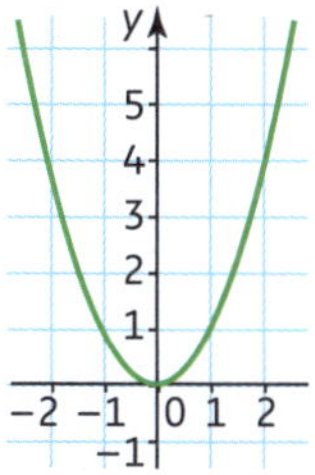	Fonction carré $f(x) = x^2$
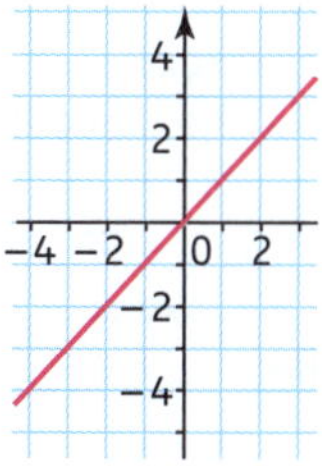	Fonction identité $f(x) = x$
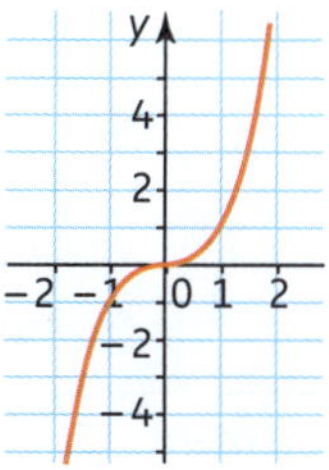	Fonction cube $f(x) = x^3$
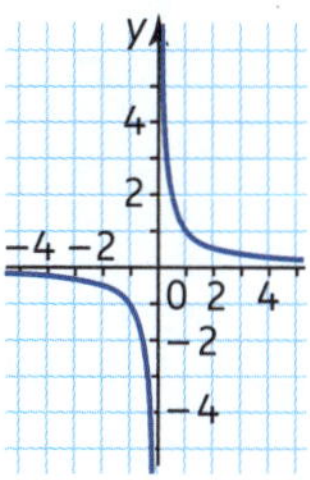	Fonction inverse $f(x) = \frac{1}{x}$
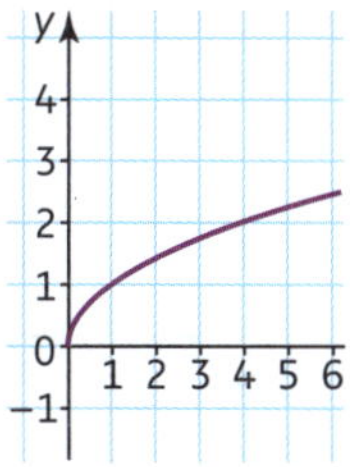	Fonction racine carré $f(x) = \sqrt{x}$
Les tableaux de variation	
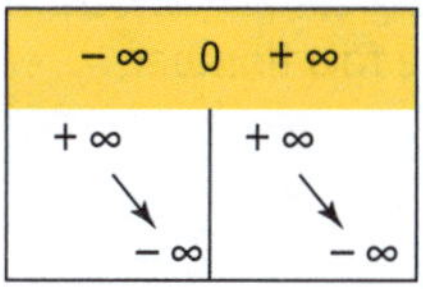	Fonction inverse $f(x) = \frac{1}{x}$
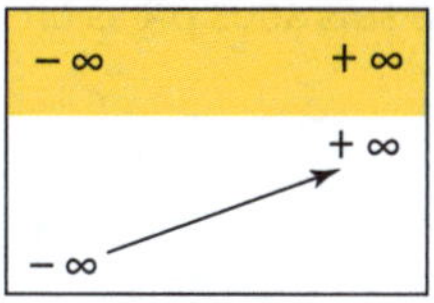 (2 réponses possibles)	Fonction cube $f(x) = x^3$ Fonction identité $f(x) = x$
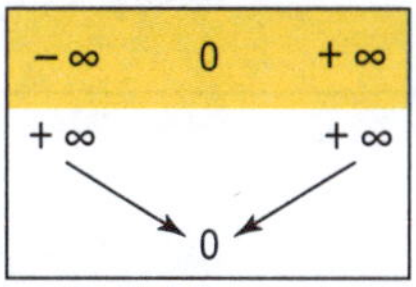	Fonction carré $f(x) = x^2$
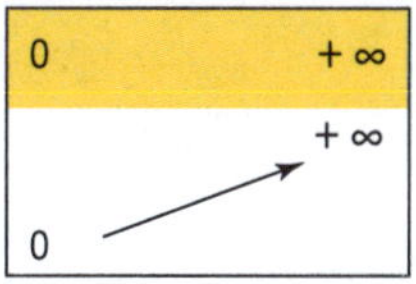	Fonction racine carré $f(x) = \sqrt{x}$

Chimie → *énoncé p. 124*

Recto / Question	Verso / Réponse
	J'explose
	Je flambe
	Je fais flamber
	Je suis sous pression
	Je ronge

Recto / Question	Verso / Réponse
	Je tue
	Je nuis gravement à la santé
	J'altère la santé ou la couche d'ozone
	Je pollue
	Danger du LASER
	Rayonnements UV

LE PLAN DÉTAILLÉ

Histoire → *énoncé p. 126*

I. Le contexte de la Réforme protestante

A. Les conséquences religieuses de l'humanisme

Mise en évidence d'erreurs de traduction véhiculées par l'Église catholique
Nouvelle traduction latine du Nouveau Testament

B. Les nouvelles aspirations des fidèles

Aspiration à des pratiques plus individuelles (prière, lecture)
Multiplication des œuvres

C. La crise de l'Église

Critique de la vente des indulgences, du manque de formation du clergé

2. La réforme de Luther

A. Présentation de Luther

Les 95 thèses qui dénoncent les abus et scandales de l'Église
Son excommunication

B. Diffusion d'une nouvelle religion

Nouveau culte : en langues locales, deux sacrements
Traduction de la Bible en allemand

SVT → *énoncé p. 126*

I. L'identité sexuée : du sexe chromosomique à la formation des organes reproducteurs

A. Identité sexuée et sexe chromosomique

Sexe génétique /gène SRY /chromosomes sexuels : XY /XX

B. Mise en place des appareils sexuels chez l'embryon

Hormones sexuelles (testostérone) / gonades indifférenciées ou différenciées

II. La puberté : un moment clé pour le fonctionnement des appareils reproducteurs

A. Chez l'homme

Hormones sexuelles (testostérone) / testicules / tubes séminifères / cellules interstitielles / spermatozoïdes

B. Chez la femme

Cycles ovariens et utérins / hormones sexuelles (progestérone, œstrogènes) / follicules / corps jaune / ovaires / ovocytes / ovulation

III. Hormones et contrôle du fonctionnement des appareils reproducteur

A. Le complexe hypothalamo-hypophysaire (CHH) et son action sur les organes reproducteurs

LH / FSH / organes cibles / hormones sexuelles (progestérone, œstrogènes et testostérone) / neuro-hormone (GnRh)

B. Les organes reproducteurs agissent sur le fonctionnement du CHH

Hormones sexuelles (progestérone, œstrogènes et testostérone) / pic de LH / neurohormone (GnRh)

L'ESSENCE DU RÉSUMÉ

SVT → *énoncé p. 128*

Résumé en 32 mots

Les matériaux détritiques (issus de l'altération des roches) vont être transportés plus ou moins loin par des agents de transport comme le vent, l'eau liquide, la glace et la gravité.

Résumé en 16 mots

Les matériaux détritiques seront transportés par : le vent, l'eau liquide, la glace et la gravité.

Résumé en 8 mots

Transport matériaux détritiques : vent, eau liquide, glace, gravité.

Résumé en 5 mots

Vent, eau liquide, glace, gravité.

SES → *énoncé p. 128*

Résumé en 120 mots

La plupart des pays industrialisés (Europe, États-Unis et Japon) sont en croissance au XIXe siècle, grâce aux révolutions industrielles. Leur croissance est maximale pendant la période des Trente Glorieuses, de 1945 au milieu des années 1970.

À partir des années 1980, ce sont les pays dits émergents comme la Chine, l'Inde ou le Brésil, qui connaissent à leur tour des taux de croissance très importants.

Si la tendance sur le long terme est à l'augmentation générale des richesses, des périodes de recul économique surviennent, provoquées notamment par des crises dans les années 1930 et le milieu des années 1970. Plus récemment, en 2008, la crise dite des « *subprimes* », a plongé l'ensemble des pays de la planète dans la récession.

Résumé en 85 mots

Les pays industrialisés (Europe, États-Unis et Japon) sont en croissance au XIXe siècle, grâce aux révolutions industrielles (croissance maximale pendant les Trente Glorieuses).

À partir des années 1980, les pays dits émergents comme la Chine, l'Inde ou le Brésil, connaissent à leur tour des taux de croissance très importants.

Si la tendance est à l'augmentation des richesses, des périodes de crise (années 1930, milieu des années 1970, crise des « *subprimes* » en 2008), plongent les pays dans un ralentissement économique ou la récession.

Résumé en 22 mots

XIXe siècle : croissance pays industrialisés

Années 1980 : croissance pays émergents

Des crises ralentissent la croissance : années 1930, milieu des années 1970, 2008.

Français → *énoncé p. 128*

Résumé en 95 mots

La nouvelle est un récit bref et dense, ce qui la différencie du roman.

La durée de l'action est généralement courte, quelques jours.

Les personnages, peu nombreux, sont réalistes et le lecteur peut s'identifier à eux.

Ils sont saisis dans un moment important de leur vie (mariage, récompense, rencontre imprévue, épreuve...), ce qui dramatise le récit.

La nouvelle est centrée sur une seule intrigue, comme le conte, mais le dénouement est souvent inattendu, c'est la chute.

L'auteur ne cherche pas embellir le réel et multiplie les effets de réel. Il ne donne jamais de morale explicite.

Résumé en 50 mots

La nouvelle est un récit bref et dense.

La durée de l'action est courte et les personnages sont réalistes.

La nouvelle est centrée sur une seule intrigue qui s'inspire de la société et des faits divers.

La nouvelle ne donne jamais de morale explicite et se termine le plus souvent par une chute.

Résumé en 8 mots

Récit court, réaliste se terminant par une chute.

Physique → *énoncé p. 128*

Résumé en 32 mots

Une **onde sonore** est la **propagation de proche en proche** d'une **perturbation** caractérisée par une vibration des molécules du milieu autour de leurs positions d'équilibre. Une onde sonore est une succession de compressions / dilatations des molécules.

Résumé en 16 mots

Une **onde sonore** est la **propagation** d'une **perturbation** caractérisée par une vibration des molécules.

Résumé en 8 mots

Une **onde sonore** est la **propagation** d'une **perturbation**.

Chimie → *énoncé p. 128*

Résumé en 32 mots

L'**atome** est constitué de **deux parties** : le noyau et le nuage électronique. Le rayon d'un noyau est environ 105 fois plus petit que celui de l'atome, soit de l'ordre de 10^{-15} m.

Résumé en 16 mots

L'**atome** est constitué de deux parties : le **noyau** et le **nuage électronique**.

Résumé en 5 mots

Atome = noyau + nuage électrique.

FSC www.fsc.org
MIXTE
Papier issu de sources responsables
FSC® C022030

Nathan est un éditeur qui s'engage pour la préservation de son environnement et qui utilise du papier fabriqué à partir de bois provenant de forêts gérées de manière responsable.

Achevé d'imprimer en France par Imprimerie de Champagne
N° de projet : 10247229 - mai 2019